JN185715

ダントツにすごい人になる

日本が生き残るための人材論

森川亮
morikawa akira

祥伝社

はじめに

僕は、2015年3月にそれまで務めていたLINE株式会社の社長を退任し、スマートフォンに特化した若い女性向け動画配信メディア「C CHANNEL」を起業しました。

その際に、多くの人から「なぜ起業したのか」と尋ねられました。成長を続けている企業の社長という座を捨てることを、不思議に感じたのかもしれません。それに対する僕の答えはシンプルです。起業することで、未来の自分がより成長できると考えたからです。

とはいえ、50歳に近づいてからの起業は簡単ではありませんでした。当初は日々の睡眠時間が3時間程度になったこともありました。それでもなぜ起業したのかと言えば、先程述べた自ら（みずか）の成長という目的に加えて、日本を元気にする仕事がしたいという思いです。僕はこれを「日本を元気にするプロジェクト」と呼んでいます。

日本を元気にするためには何が必要か？　もちろん、教育であったりヘルスケアであったりという可能性も考えました。

その中で、自分の出自でもあるメディアは、世の中の「空気」をつくっているもので、そのメディアがつくる空気を明るくしていくことが、日本を元気にして、若い人たちが夢を持つことにつながるのではないか。だとすれば、メディア業界を変えるようなプロジェクトを立ち上げよう、それがひいては「日本を元気にするプロジェクト」になると考えたのが始まりです。

今の日本は物も情報も溢れ、ある意味恵まれた社会です。それに慣れた日本人は、いつの間にか世界のビジネスのスピードについていくことができなくなっていると感じます。このままでは、日本は変化の大きい世界経済の中で生き残ることができない。それが今の僕が感じている偽らざる危機感です。

そうした時代に求められるのは、今までにない新しい価値や大きな概念を生み出すことのできる人です。すなわち、人材の質こそが日本の将来を決める重要な要素なのです。

こうした人材を僕は「ダントツにすごい人」と呼んでいます。では、どうしたらそのような人材を増やすことができるのか。僕自身がこれまで経験してきたこと、そして一緒に仕事をした仲間たちを見ながら考えたことを元に、それに対する自分なりの答えを出したのが、本書です。

また、「ダントツにすごい人」の代表である安宅和人(あたかかずと)氏、林要(はやしかなめ)氏、石川善樹(いしかわよしき)氏と対談し、自分とは違った視点から現代に求められる人材とは何かを話し合いました。お三方にはこの場を借りて感謝申し上げます。

本書を読んで、多くのビジネスパーソンが、社会を変えうるような新しい価値を生み出すことにチャレンジしていくことを願っています。

2016年10月

森川(もりかわ) 亮(あきら)

目次

第1章 日本が生き残るために必要な人材とは

対談1

石川善樹 氏（予防医学研究者）

AIの時代に必要とされるのは「問い」の力

第2章

「ダントツにすごい人」になれ

対談2

林 要 氏（GROOVE X株式会社代表）

大企業の中でもゼロからイチは生み出せる

第3章

リーダーは人材をどう育てるか

対談3

安宅和人氏（ヤフー株式会社CSO）

1日1%の成長をすれば、1年で40倍になる

装丁　水戸部功

第1章

日本が生き残るために必要な人材とは

世界の変化についていけない日本のビジネス

ビジネスの世界では今、かつてないほどの地殻変動が起きています。それは、変化のスピードがとてつもなく速くなったということです。

それにもかかわらず、日本ではかつての成功を引きずり、旧態依然としたやり方を続けている企業が数多くあります。あるいは、変わろうとしても世界のビジネススピードについていくことができていません。

日本は戦後、高い技術力で製造業を中心に経済発展を進めてきました。しかし、バブル崩壊後に気づいたことは、もはやそれだけでは売れる商品をつくりつづけることはできないということです。「いいものをつくれば売れる」とばかりに、技術偏重でニーズを顧みないものはどんどん売れなくなってきたのです。

今の時代に求められるのは、イノベーション（革新）を起こせる人。従来の仕組みやサービスにはないシステムや製品を生み出せる人が成功者となります。

しかも、新しいシステムや製品もあっという間に陳腐化していきます。意思決定も、実行もスピードが勝負。企画を実行するかどうかを決定するまでに数週間もかかっていたら、始めるころには他社に先を越されているでしょう。

海外で成功したビジネスはすぐに知れ渡ってしまいますから、昔みたいに日本で追随した商品やサービスを出しても、すぐに二番煎じとわかってしまいます。

時代は変わった、ということはおそらく多くの人が感じているはずです。

それなのに、昔ながらの働き方をしている企業やビジネスパーソンが大半です。

長時間の会議で物事を決定しようとし、現場からいいアイデアが出ても、あれこれ理由をつけてつぶしてしまう。本当はもっと効率的な仕事の進め方があるのに、昔からのやり方を踏襲してしまう。いまだに「頑張れば成果はついてくる」と精神論に頼っている人もいます。すっかり頭が固くなっていると言わざるを得ません。

これからは変化に強い人が求められる

頭の柔軟性がなくなり、「思考硬化」すると変化に弱くなります。

ここで、考えてみてください。

皆さんは今、どの段階にいるでしょうか？

・**思考硬化度0**：常に今の社会で求められていることを考えている。そこから自分のやるべきことを導き、会社でも積極的に提案している。たとえ会社が受け入れてくれなくても、自らそれができるような場をつくりだしたり、起業の準備を進めたりしている。

・**思考硬化度1**：自分の興味のあること、やりたいことを常に考え、積極的に会社に提案している。ただ、会社が受け入れてくれないことも多く、悶々（もんもん）としている。

・**思考硬化度2**：新入社員のころはいろいろ提案していたが、周りに「前例がない」「うちの会社向きではない」と否定されつづけて、提案するのをあきらめてしまった。今では言われた仕事だけきちんとやればいいと考えている。

・**思考硬化度3**：すべてのことについて、これまでどおりにやればいいと考えている。部下や後輩からアイデアを提案されても、いろいろ理由をつけて現状を維持しようとする。それどころか、「やめときなよ」と諭（さと）すこともある。

僕の考える「すごい人」、すなわちこれからの日本に必要とされる人材は、思考硬化度

0の人です。

残念ながら、0に当てはまる人はそれほど多くはありません。持って生まれた才能もあると思いますが、それ以上に出る杭(くい)として叩(たた)かれるうちに0だった人が1になり、2になっていくのが、日本に多いパターンです。

本書は、そうした人にこそ読んでもらって、ぜひ再び柔軟な考え方を取り戻してほしいと考えています。思考硬化が進んだ組織は変化に弱く、これからの時代に生き残っていくことは難しいでしょう。

思考硬化度3の人は、危機的な状況です。誤解を恐れずに言えば、これらの人にはできるかぎり何もしないでいてほしい。抵抗勢力になってしまっているので、2に戻るのすら難しいかもしれません。自分がそうなっているという自覚すらないので、つける薬はないのです。

もし上司が3ばかりなら、その職場に未来はないので、早いところ見切りをつけたほうがいいかもしれません。もしくは、3の人たちを巻き込んで、自分のやりたいことを実現させるか。思考硬化度0の人はそれをできる力があります。

そして、抵抗勢力を巻き込める力のある人が、変化に強い人だともいえます。なぜなら、変化に弱い人を変化に引き寄せることができるからです。

日本人が変化を嫌うのは、おそらく日本は変わらなくてもいい時代が長く続いたのが理由でしょう。

世界ではさまざまな戦争が起き、今でもリアルタイムで戦闘が起きている地域もあります。日本ももちろん戦争を経験していますが、外国と本格的に戦うようになったのは明治以降の話。たかだか１５０年ぐらいの歴史です。

一方、世界の国は、何千年も他国と戦いながら生き残ってきたのですから、変化をするのは当たり前なのです。

日本には「石の上にも3年」のように「変わってはいけない」ということわざや名言が多くあります。外国では「君子豹変（ひょうへん）す」といったことわざや、「すべてのものは変化する。『変化するということ』自体を除いては」というジョン・F・ケネディの名言もあります。バラク・オバマ大統領が立候補する時の演説で用いた「Yes we can」も変化を促（うなが）す言葉。つまり、「変わらなければ生きていけない」という考えが根底にあるのです。

ビジネスも「戦い」ですから、変化しなければ生き残っていけません。

前職のＬＩＮＥ株式会社（以下、ＬＩＮＥ）では、変化が速いＩＴ業界で生き残っていくために、変化を強みに変える経営を目指しました。ちょっと成功してもすぐに陳腐化してしまうので、常に1.1や1.2のものではなく、2.0や3.0の新しい価値を生み出さなくてはなりません。

そのためには、人も2.0や3.0になってもらわないといけないので、定例会議をなくし、マネージャークラスの人もヒット商品を生み出すために集中する環境を整えました。

日本人はコツコツ磨き上げる仕事が好きですが、それをやっても売上げは２倍や３倍にはなりません。そこで、新しい仕事を創る人と実際に制作する人に分け、制作は外国の企業に任せて、日本では新しい価値を生み出す、仕事を創る人だけを集めたのです。

常に新しい価値を生み出す人は、変化にも強い。これからは、そういった「ダントツにすごい人」しか生き残っていけなくなります。

先が見えないのは本当に不安なことか？

変化が速い世の中で、先が見えなくて不安だと言う人がいます。

でも、先が見えないのは、本当に不安なことでしょうか？

僕は、先が見えないからこそ、自分たちで未来をつくっていけるのだと考えています。

そもそも、先の見える将来なんてつまらない。バブル期までは定年まで同じ会社で勤め上げる、いわゆる社会のレールが敷かれていました。転職すること自体、珍しく思われていた時代です。僕も新卒で入った日本テレビを退社する時は、当時の上司から「テレビ局を辞めてうまくいった人は今まで一人もいないから。絶対おまえ失敗するよ」と嫌味を言われたぐらいです。

定年まで自分の生活が保障されているのは、たしかに安心感があります。

しかし、金銭的な満足さえ得られればいいのでしょうか。

他の人と同じ人生を、同じように歩むだけでは自分の人生を生きているとは言えません。それより、誰にも真似できないような人生を自分でつくりあげるほうが、ずっと面白いはずです。

歴史を振り返ると、現状に不満を持っている人が打開するために行動を起こし、それによって文明も文化も発展してきました。

今の若い世代は、生まれた時から当たり前のように車やテレビ、エアコンや電子レンジ、パソコン、インターネットなどがある環境で育っているので、不足するという経験をあまりしていません。同時に、生まれた時から不景気だったので、あまり多くを求めずにあきらめる習慣もついてしまっています。そういう環境で育つと、なかなかイノベーションは生まれづらいかもしれません。

それでも、使命感はみんなが持たなくてはならない、と考えています。

生きるとは何かを考えてみると、究極的には「社会に貢献すること」になります。なぜなら、社会に貢献していない人は愛されないから。人間はどんなにお金があっても、愛されなければ不幸です。

だから、幸せになりたいのなら、自分は社会に対して何ができるのかを考えなくてはならないのです。

夢を持ち、そこから逆算していけば、今何をすべきなのかも見えてきます。

仏教では、過去や未来にとらわれず、今の一瞬を精いっぱい生きるという「而今（じこん）」という言葉があります。見えない将来を不安に思うのなら、まずは今自分がやるべきことは何かを考えたほうがいいでしょう。

変化から目を背（そむ）けたら、物事の本質を見逃してしまいます。変化が速い時こそ、本質を見極めてその流れに乗るか乗らないかを決めなければならないのです。

イノベーションはどこから生まれるか

「日本を元気にするプロジェクト」を成功させるには、世の中を変えるようなイノベーションが必要になります。

イノベーションは、基本的には今までの価値を大きく変える、もしくは停滞している状況を壊していく中で生まれてくるものです。

イノベーションを起こすためにはいろいろな要素を必要としますが、問題は技術を活かして本当の価値をつくれるかどうか。技術があっても、役に立たなければ意味がありません。

たとえばファストフードのハンバーガー店の厨房（ちゅうぼう）にフレンチのシェフが入り、技術を駆使してハンバーガーを1時間掛けてつくったとして、お客のニーズに合うでしょうか。時間と経費を注（そそ）いで、目的を明確にせず高い技術を開発するのは、それと同じです。

そうしたことが起きるのは、ユーザー（消費者）の求めるものを見極める努力が足りないからだと思います。質の高い技術に特化するなら、ヨーロッパの企業のようなブランド化を徹底する必要があるでしょう。アジア諸国をターゲットにするなら、早く多くの製品を提供するほうが貢献になる。

ターゲットと定めたユーザーが、今この時間なら何を食べ、どこへ出掛け、どんな人と会い、何を話しているか。いろいろと想像してみるのです。仕事に関わるほとんどの人が、「誰のために」という問い方をしていない気がします。

僕は、仕事で大切な能力の一つはリアルな想像力だと思います。マーケットを抽象的に考えるのではなく、リアルなただ一人の本音を知る必死さ。相当真剣に頭に汗をかいてつかまえた本音こそが、ビジネスの広がりを生む種なのです。

一方、日本人は「ちょっとしたイノベーション」を重視せず、「ものすごく大きなイノベーションを起こさないといけない」と考えている気がします。

もちろん、グーグルのように圧倒的な技術力でイノベーションを起こせれば大成功を収められますし、歴史に名を残せます。しかし、それは天才でないとなかなか実現できません。

ちょっとしたアイデアの中にも、0から1にできるようなイノベーションはあります。

流行りの自撮り棒もそうでしょう。世の中を大きく変えるほどの発明ではありませんが、誰もが思っていた「手持ちで自撮り写真を撮るのは難しい」というちょっとしたニーズにうまく応えた商品です。

僕が現在手がける「C CHANNEL」も、細かく見れば、ちょっとしたイノベーションを狙(ねら)って開発しています。

これまでの動画メディアは、出演する人材、映像を作製する人材、それらを編集・配信する人材と作業が分担されていて、その分時間とコストが大きくかかっていました。それをクリッパーと呼ばれるインフルエンサーの女性が自ら撮影し、編集、配信することで作業時間とコストのカットを実現しているのです。

さらに、縦型の動画に特化したサービスも、今まではなかなかありませんでした。これも、スマホは縦で使うことが多いのに、なぜ動画だけ横にして見なければいけないのか、という気づきから始まっています。

柔道でいうのなら、一本とることだけが勝つための手段ではなく、ポイントを取って優勢勝ちするのも勝ち方の一つになります。

日常生活の小さな疑問を大事にしていれば、それがいつかイノベーションとして花開くかもしれません。

日本ならではの課題をイノベーションにつなげる

僕は、日本が抱えている課題こそ、新たな市場になれる可能性を秘めていると考えています。

たとえば、高齢化。

どこの業界も高齢者向けの商品やサービスを開発しているように、高齢者が増えつづけている日本ではやはり大きな市場です。高齢者をサポートするようなロボットはこれからどんどん開発されるでしょうし、ｉＰＳ細胞以外の再生医療も、日本で次々に開発されています。

教育や医療は、人間誰しも絶対にお金を払う領域です。教育には富裕層が積極的にお金を払いますし、医療費はお金持ちではない人も払いますから、非常に大きな市場です。再生医療は日本が一番特許を取っているので、実用化ができると一大産業になって、医療ツーリズムを行なえば観光資源にもなります。

以前、再生医療に関して詳しい方とお話ししたら、今までの医療と再生医療というのはまったく違う分野だそうです。ウォークマンとｉＰｏｄぐらい、必要な技術がまったく違います。したがって、再生医療向けの人材を育てる必要があり、ゆくゆくは再生医療に特化した医学の大学院をつくることになるかもしれません。そうなれば、世界中の人が学びに来るでしょう。

そのように考えると、日本には大化けする市場がまだまだ眠っています。

エネルギー問題もそうです。

東日本大震災で原発の抱えるリスクを日本人は体感したのですから、原発以外のエネルギーを開発するほうにシフトするのが自然な流れでしょう。

林業も日本では衰退していますが、だからこそ大きな市場になり得ます。

日本は山が多いのにもかかわらず木材を輸入しているので、山を管理しきれなくなっています。木が増えすぎると密集して育たなくなり、土が硬くて水が浸透しないので大雨が降った時に水が地表を猛スピードで流れていき、地崩れが起きやすくなるのです。

定期的に木を伐り、木材を加工して活かす技術は、これから役に立つでしょう。スギの木を減らせば花粉症の人も減るので、一石二鳥どころではない効果もあります。

そうやって見渡すと、誰も手を付けずにほったらかしにされている市場はあちこちに眠っているものです。それをいち早く掘り起こした人は成功できるでしょう。

ただし、日本はあらゆるところに規制が働き、なかなか新しい市場に参入できないというハードルもあります。たとえば、日本には森林法という規制があり、自分の所有する森林であっても伐採する際は市区町村に届け出なくてはならない場合もあるのです。その手続きを取らない木材は流通できないことになっています。

そういった規制が、日本のイノベーションを妨げている面はあるでしょう。それでも、グローバル化が進むにつれ、あらゆる分野の規制は撤廃するしかなくなるはずです。

やりたいことより、やるべきことを選ぶ

「自分が何をやりたいのかわからない」
「自分に何が向いているのかわからない」

時折、若者からそんな相談を受けることもあります。

それに対する僕の答えはシンプルで、「考えつづけるしかない」です。もちろん、考え

るだけでなく、常に行動しながら考えつづけるということです。

まず、多くの人が勘違いしているのが「やりたい仕事」の意味です。

「やりたい仕事」になるのは、好きなことの延長ではなく、自分の力で社会に貢献できるものです。そこを間違えて、好きではない分野の仕事に配属されたからといって避けていては、いつまで経(た)っても「やりたい仕事」には辿(たど)りつけないでしょう。

必要なのは、「その仕事のユーザーは誰か。どういうニーズを満たせるのか」を徹底的に絞(しぼ)り込み、その仕事がどのように社会を変えられるかを徹底的に考え抜くことです。

僕は、子供のころから合唱団に入っていて、子供タレントとしてテレビ出演したこともありましたし、小学生ながらビートルズをコピーしたバンドも組んでいました。大学でもバンド活動にのめり込んで、卒業も危うかったくらいです。それぐらい音楽が好きだったので、音楽の情報を発信する業界で働きたいと思い、就職先に日本テレビを選びました。

ところが、音楽番組をつくりたかったのに、配属されたのはＩＴの部署。大学の専攻が情報工学だったから選ばれたのでしょう。

１９８９年入社ですから、インターネットもない時代です。そんな時代にテレビ局でコンピュータの仕事をするのはあまりにも地味ですし、「何で自分だけ、こんな目に」「今日辞めようか、明日辞めようか」と、そんなことばかり考えていました。

当時の僕はなかなかモチベーションが上がらず、仕事も面白くなかった。しかし、自分が望んでいた仕事をさせてもらえなかったのは、それだけの能力があると信頼されていなかったからではないかな、とある時気づきました。

僕よりも他の誰かを選んだ上の人に評価してもらえない限り、自分はずっとその部署のままです。それなら上の人に評価してもらえるようになろう。そのためには会社に貢献するようなことをしよう、と考えたのです。

そこから真面目にＩＴの勉強をして資格も取り、ＩＴ会社のセミナーで講演するまでになりました。そして、ＩＴを活用する新規プロジェクトをいくつか立ち上げたのです。今では当たり前になっている選挙の時の出口調査も、もっと早く当選予想をするため、慶應義塾大学の先生と出口調査のシステムを開発しました。それまでは発表が出てからテレビで放送していましたが、今のように締め切り時間と同時に当確を出せるようになったのは、そのシステムがあるからです。

その体験を通して僕が思ったのは、自分がやりたいことをやるより、やるべきことをやったほうがいいということ。自分がやりたいことをやるのは、どちらかというとアーティストに近いような感じです。

人それぞれ幸せのあり方は違いますが、アーティスティックにやって成功する人もいるでしょうし、むしろ地味に人のために尽くして成功する人もいる。僕の場合は社会を大きく変えるとか、人の笑顔をつくるようなことに自分なりにやりがいを感じるのだな、と気づきました。社会の課題を見つけて解決する「やるべきことをやる」のが自分に向いているし、自分が本当にやりたいことだと思い至ったのです。

もし音楽番組をつくる部署に配属されていても、「これは本当に自分がやりたいことなのか」と悩み、その答えに辿りついたのかもしれません。僕はおそらく、「今が楽しければいい」という刹那(せつな)的な考えには流されない性格なのでしょう。

ただし、その結論に至るまでに、相当な時間がかかっています。だから、「考えつづけるしかない」という答えになるのです。

かつての僕のように、やりたいことがあってもやらせてもらえないビジネスマンも大勢いるでしょう。

「会社とはそういうものなんだ」とあきらめる生き方もあるでしょうが、それだと嫌々仕事を続けることになります。そして、そういう人は将来的に若い世代の足を引っ張る存在になりがちです。それはあまりにもつまらない生き方ではないでしょうか。

たとえ望んでない場所に身を置くことになったとしても、いつまでもくすぶっているのではなく、その場所で自分ができることを探してみるのです。それは、思いがけないことが自分に合っているのだと気づけるチャンスにもなります。

どうしても見つからないのなら、いっそのこと仕事を辞めてしまうという手もあります。暴論かもしれませんが、人はいつもお腹が満たされている状態だと、自分が何を食べたいのかわかりません。しばらく食べるのを我慢していると、「ああ、卵かけごはんが食べたいな」と食べたいものが出てくるでしょう。

それと同じで、何もできない状況に自分を追い込めば、自分が本当に何をやりたいのかが見えてくるのではないか、と思います。

とくに今は便利な製品やサービスに囲まれ、情報が溢れている社会なので、飢餓（きが）という状態にはなかなか身を置けません。あえて飢餓状態に身を置けば、毎日仕事から逃げたいと考えていても、やがて「何でもいいから仕事をしたい。世の中とつながっていたい」と考えるようになるかもしれません。

人間の幸せというのは本当に不思議なもので、選択肢があればあるほど逆に不幸になることもあります。道も二つか三つの分岐ならいいのですが、それ以上に分かれていると悩んで選べなくなります。

それでも、自分の信念や理想、価値観がぶれなければ、どの道を選んでも辿りつく先は同じではないか、と感じます。

「成功」の定義

そもそも、成功とは何でしょうか。

資産家になれれば成功なのか、有名になったら成功なのか——。

僕はさまざまな「成功者」と出会ってきて、本当の成功は、自分が望む人生を歩んでいるのか歩んでいないかで決まると感じています。

億単位の資産を持っていたとしても、自分の望んでいない人生を歩んでいる人は、成功者とは言えません。逆に言えば、資産がまったくなくても、自分の望みどおりの人生を歩んでいる人は、人生の成功者です。

幸せになりたいのなら、自分の思うとおりに生きるしかありません。人の言うとおりに生きたところで、幸せにはなれないでしょう。ただし、自分の望むとおりに生きるのなら、曲がりくねった道を歩む覚悟は必要になります。

僕が日本テレビを辞めようと決めた当時、年収１０００万円を超えていました。転職先のソニーに移ると年収が半減することはわかっていました。それでも、あえて僕は一歩踏み出すことを選びました。

日本テレビという肩書だけでチヤホヤされるようになり、年収も１０００万円を超えると、「このままではまずいな。どんどんダメな人間になっていく気がする」と危機感を抱いたのです。

ソニーに移ってからも、数年後には年収が上がっていきました。もちろん、それは僕なりに実績を積んだからでもあるのですが、また「このままではまずい」という気持ちがムクムクと沸き起こったのです。そこで、ソニーも飛び出して、ハンゲームジャパン（現ＬＩＮＥ）に移りました。年収はまたもや半減です。しかも、当時のハンゲームは社員約30人の無名ベンチャー企業でした。

おそらく、僕は自分の成長が止まることを恐れているのでしょう。

僕の場合、限界に追い込んだ時に自分の能力が発揮されて、それを乗り越えた時に成長するのがわかっているので、そういう道を選んできたのです。5年前の自分と、今の自分と、5年後の自分が変わっているのかをいつも想像しながら生きています。

勝ち負けではなく、自分の道をみつける

男性の場合、起業するのかサラリーマンになるのか、サラリーマンになって出世するのかしないのか、大企業に就職するべきか中小企業に行くべきかと、いつも人生の選択肢が二択になっているように感じます。男性は基本的に競争原理で考えるので、趣味のスポーツでも勝ち負けにこだわります。勝つことにより、周りの承認を得られて優越感に浸れるからかもしれません。

しかし、すべてを勝ち負けで考えていては、あまりにも窮屈ではないでしょうか。

人生の選択肢は無限にありますし、周りの目を気にせずに自分なりの道を選ぶほうが、軽やかに生きられます。「ダントツにすごい人」は、自分なりの道を選んでいる人ばかりです。

ただし、僕も経営者という立場柄、履歴書を見る機会は多いのですが、1年単位で転職を繰り返している人は、積極的に雇いたいとは思えません。まずは自分なりに何かをやりきっている経験がないと、経営者としてはその人の活かし方がわからないのです。

僕も転職を繰り返したとはいえ、日本テレビには11年間いましたし、ソニーには短いといっても3年いました。ＬＩＮＥは前身から数えると12年なので、それぞれの場所で何かしらやりきってから次のステージに移っています。

比較的短いソニーも、会社や仕事が嫌だったわけではなく、あれだけ大きい組織になると僕の力だけではなかなか変えられないので、もっと小さい組織に移ったほうが自由に働けるだろうと最良の選択肢を選んだのです。

僕は指をくわえてみているのが嫌なので、自分がやりたい仕事をしようと強引に進めたこともあります。そこまでやっても自分の力が及ばないことがあるとわかったから、転職したのです。

もちろん、大企業で定年退職まで働くのも、一つの道です。ただし、それもまっすぐな道が用意されているわけではありません。

ソニーの元社長である出井伸之（いでいのぶゆき）さんは二回も左遷の憂（う）き目に遭（あ）いながら、社長にまで登りつめていきます。それもまっすぐな道とは言えないでしょう。

シャープが台湾の鴻海（ホンハイ）精密工業に買収されるなど、これからの時代は大企業にいても何が起きるかはわかりません。今までは100メートルのトラックで自分のレーンを走る競争でしたが、今後は何もない野山で道を自力で切り開いていくことになるのです。

組織の中で生き残ることに意味はない

よく、「10年後も生き残る人材になれ」といった本や雑誌の特集があります。

しかし、今いる組織で生き残ることを考えるのは間違いです。そのような人が集まっている組織は、早晩衰退します。今いる組織で生き残ることを考えると、上司の顔色ばかり窺う（うかが）ようになり、ユーザーの意見に耳を傾けなくなります。

日本の家電メーカーが軒並み（のきな）世界で勝てなくなったのは、高級化・高機能化の路線ばかりを目指してきたからです。

日本のエアコンは海外ではあまり売れないと言われますが、人がいる方向に風向きを変えたり、自動で電源を切ったりする機能は、海外では求められていません。海外では、多機能より安さを重視します。日本のメーカーは節電やCO_2の削減、省スペースなどの技術力は高くても、価格競争で負けたのです。

早くから海外のユーザーの要望を拾っていれば、ここまで低迷することはなかったでしょう。組織の内側しか見なくなった結果が、今の状態なのです。

おそらく、組織に依存しない人ばかりが集まっていたら、こういう事態にはならなかったはずです。

上司や組織のトップが何を言おうと、正しい判断をし、正しい行動をとる。そうすれば組織が間違った方向に進むのを止められます。

とはいえ、日本の大企業は正しい判断をし、正しい行動をとることが必ずしも望まれるわけではありません。どんなに仕事で成果を出しても、上司との関係性で評価が低くなることもあるといいます。そのような組織にいたら、誰も正しい判断や行動ができなくなるでしょう。

そういう組織に未来はないので、一刻も早く離れるのが賢明です。

やりたい仕事がないなら、自分でつくる

誰にでも嫌な仕事や、苦手な仕事があります。

僕自身も、先に述べたように、最初に入った日本テレビでは音楽番組の仕事をしたいと思っていたのに、配属されたのはＩＴの部署。入社当初は財務のシステムを担当するＳＥをやっていたのですが、自分には向いていませんでした。けれども、「そのうち異動させてあげるから」という上司の言葉を信じて、６年間もその部署で働くことになりました。

嫌な仕事や苦手な仕事でも、できるようになった時に人は成長すると言われていますが、人は自分と相性の悪い仕事は本気で取り組もうとしません。だから僕も選挙の出口調査や視聴率のシステムなど、興味を持てそうな仕事を自らつくりだして、それに注力していました。

もし、僕が自ら行動を起こさずに、毎日「仕事がつまらない」とぼやいていたら、社会人として相当劣化していたでしょう。

当時の僕は、毎日「なぜこの仕事が嫌なのか」と考えていました。

それがわからないと、何をどう改善すればいいのか見えてきません。もし働くこと自体が嫌なのだったら、異動したところで同じ日々の繰り返しになります。会社を嫌いになっているなら、転職するしかないでしょう。

あるいは、仕事を任される上司が苦手という理由があるかもしれません。

何となく「嫌だな」と思っていることの原因を突き止めないと、仕事に何のやりがいも見出せないまま、定年まで何となく働きつづける人生を送る可能性もあります。

僕は、仕事をする基準は、「それが社会にとってプラスになるかどうか」で決めるべきだと考えています。

たとえば、営業部に配属されてテレアポをすることになった時、何百回かけてもアポイントを取れない人もいれば、数十件で決められる人もいます。前者のタイプが、上司に毎日叱（しか）られながらアポイントを取れるようになるかといったら、難しいでしょう。人には単純に向き不向きがあります。

テレアポが向いていない人に無理やりやらせるより、得意な人に任せたり、外注したりするのが上司にとっても組織にとっても最善策ではないでしょうか。上司も毎日怒鳴っているエネルギーを他の仕事に向けられたほうが効率的です。誰もムダに消耗しないのが、社会にとってプラスになる仕事だと言えます。

誤解をしないでいただきたいのは、「イヤな仕事はすぐに投げ出してもいい」と言っているわけではありません。次から次へと与えられた仕事を「これは向かない、あれも向かない」と放り出していたら、結局自分には何も残りませんから。

僕も、最初はＩＴの仕事は向いていないと思っていましたが、出口調査や視聴率を計測するシステムの開発に携（たずさ）わるうちに、最先端技術に触れながらものづくりをすることに対して、やりがいを感じるようになっていました。そこからぼんやりと、「新しい価値を生み出して世の中を喜ばせたい」と考えるようになったのです。

それでも、６年を過ぎるとエンターテイメントに関する仕事をしたいという思いが強くなり、異動が認められなかったので僕は退職を決意しました。すると、会社が「好きなことをやっていい」と新規事業を立ち上げる部署に配属してくれたのです。数々のシステムをつくった実績を評価してもらえたのでしょう。

そこから、僕は映像配信などのエンターテイメントに関係する仕事を手掛けるようになりました。ＩＴの技術を活かせたので、その６年間はムダではなかったのです。

つまり、イヤな仕事でも好きな仕事に活かせることもあれば、社会にとってプラスにもできる。その糸口を自分で見つけ出さない限り、嫌いな仕事はずっと嫌いなままで生産性は上がりません。そういう状況が続くなら、社会にとってマイナスになる。だから仕事を好きになれないなら、やめたほうが社会のためにもなるのです。

「好きこそものの上手なれ」という言葉もあるように、「好きになる力」は最強です。何事も好きになる能力があれば、嫌いな仕事や苦手な仕事でも自分の糧にできます。

結局のところ、人の才能や能力にはそれほど差はありません。仕事に喜びを見出せるかどうかで生産性は決まるのです。

「仕事は楽しくないといけない」と言う人は間違っている

「好きなこと」を仕事にしたほうが、人間は幸せだと思います。

しかし、「好きなこと」＝「楽しいこと」ではない。むしろ、好きなことを仕事にすると苦しくなります。

このことがわかっていないと、つらいことや苦しいことに直面した時に、「こんなはずではなかった」とすぐに投げ出してしまいます。僕は、そういう人を今まで何人も見てきました。

たとえば、趣味でテニスをしている分には純粋に楽しめます。しかし、プロになったらお金を稼ぐために勝たなくてはいけません。試合の最中は楽しんでいる余裕などない。しかも試合で最高の結果を出すために、日々のトレーニングも体調管理も万全に整えておかなくてはならないのです。

どんな仕事でも、さまざまな制約の中で結果を出さなくてはならないものです。そこには必ず試練がつきまといます。好きな仕事をしているという満足感や充実感があるだけ、まだいいほうでしょう。

僕の場合、20代のころからゼロからの事業の立ち上げは何度も経験しているのですが、50歳近くになっての起業は想像以上にハードでした。

起業前後は眠る時間もなかなか取れませんでしたし、事務所を探して借りたり、銀行口座を開いたりするのも一苦労でした。

C CHANNELはスタートしてすぐに軌道に乗ったわけではありません。

当初はブログ感覚で動画をつくることを考えていたので、クリッパーたちが、日常生活で興味のあることを日記のように紹介する動画がメインになっていました。ところが、一般の人には響かないという結果になったのです。女性をターゲットにしたサービスは今まで経験してこなかったので、女性が何を求めているのかわからなかったのが原因です。始めたからには「やっぱり若い女性向けメディアはムリだった」と簡単にあきらめるわけにはいきません。

そこで、読者がすぐに真似できるようにハウツー動画を中心にしました。料理でもメイクでも1分以内で紹介するので、これならいつでも気軽に見られますし、自分でもやってみようかな、という気になります。これらはプロの制作者を採用し、自社のスタジオで制作しました。また、自社メディアにこだわらず、Ｆａｃｅｂｏｏｋやｔｗｉｔｔｅｒ、Ｉｎｓｔａｇｒａｍ、ＬＩＮＥなどソーシャルメディア向けに配信しました。

そのような試行錯誤を重ねて、サービス開始から1年経たずに動画の再生数が月間1億件に達するまで成長できたのです。やはり、困難を乗り越えてこそ、手ごたえは感じられます。

「仕事は楽しいですか？」と、インタビューでも時折聞かれるのですが、「ものすごく楽しいわけでも、つまらないわけでもない」と答えています。

「楽しいです」と即答できる人は、実はまだとことん仕事をしていないのではないかな、と感じます。

山を登るにしても、他の人が切り開いた登山道を登るのは楽です。しかし、自分で一から切り開いていくのは大変です。僕は楽なことに未来はないと感じていますし、自分で道をつくることが、自由に生きるための唯一の方法だとも考えています。

したがって、「どうすれば仕事が楽しくなるか?」などと考える必要もありません。楽しくなる方法を考えているぐらいなら、目の前の仕事をどんどんこなすしかない。苦しみも楽しみのうちだと思えるようになれば、一回り成長できます。

和気あいあいとした職場から、いい仕事は生まれない

ハンゲームジャパンが日本のオンラインゲーム市場でナンバーワンになった後、職場に緊張感がなくなり、みな仕事中におしゃべりばかりをするようになった時期があります。

僕は「まずいな」と危機感を抱き、全社員の給料をリセットするなど、荒療治をしました。もちろん、社内は大混乱になりましたし、辞める社員もいました。しかし、その荒療

治が数年後にＬＩＮＥにつながったと思っています。

とはいえ、僕も殺伐（さつばつ）とした職場がいいと考えているわけではありません。一人ひとりがすべき仕事に没頭している職場であるべきだと思っているのです。

いつもみんなでゲラゲラ笑っているような、和気あいあいとした職場でなら楽しい仕事ができると勘違いしている人は、結構います。ただ一緒にお酒を飲んで騒げばチームワークが生まれると考える人もいますが、それは大間違いです。

職場はあくまでも仕事をする場であり、馴れ合う場ではありません。成果を出せば楽しい思いもしますが、それは結果であり、楽しいことの先に結果が出るわけではないのです。

ＬＩＮＥは社員の２割以上が外国人ということもあり、周りの目を気にしながら行動する人はほとんどいませんでした。みんなが自分のやるべき仕事を勝手なペースで進めて、他の人の仕事に口出しするようなこともありません。放っておかれるので、依存体質の人には耐えられない環境でしょう。

そこで、「自分の自由にできる」と喜べる人は、組織に依存していないので、どんな組織に行っても通用します。

では、自分がその組織で必要とされるために、何をすべきか。

それはすなわち成果を出すことです。

正しく判断し、行動すると言いましたが、本当は世の中に正しい仕事の仕方は存在しません。国ごとに文化も言葉も違うので、仕事の仕方はまったく違います。だからこそ、自分なりの仕事の軸を見つけ、結果を出していくしかないのです。

今後は、誰でもできる仕事は、どんどんロボットに置き換えられていくでしょう。

先日、東京大学の研究で、人工知能（ＡＩ）が難病の患者の診断をし、命を救ったと話題になっていました。人間の医者が診断した治療法を続けても目覚ましい効果は得られなかったのですが、人工知能が診断した病名に沿って治療をしたら回復したというのです。そのＡＩは、２０００万本という論文を読み、自分で学習したそうです。

これからの時代は、人間がライバルではなく、ＡＩがライバルになる可能性もあります。ＡＩができないような仕事をしないと、淘汰(とうた)されてしまいます。

そうならないためには、１を一気に２や３にできる人、もっと理想を言えば０から１を生み出せる人になることです。

今のように変化が速い時代に求められるのは、足し算ではなく、掛け算や累乗の生き方です。学校教育も関係していると思いますが、日本人は一つ一つコツコツ積み重ねるようなことが得意な傾向があります。しかし、足し算の生き方では1から1.1、1.2と少しずつしか増えません。それでは、2になるまでに非常に時間がかかります。

これからは、足し算の仕事はロボットが請け負うことになるでしょう。小数点でしか増やせないような仕事をしている人は、早く掛け算の仕事をできるようになるべきです。

違和感を大切にして、一歩踏み出す勇気を持つ

日本テレビ時代、同じ職場の年配の方が、毎朝会社に来ると雑誌を机の上にどさっと置き、お茶を飲みながら優雅に読み始めるのが習慣でした。

企画のリサーチのためにやっているというのならわかりますが、番組制作と関係がない部署ですからそうではありません。そして、昼間は2時間近くランチに行き、戻ってきてからも雑誌を読み、その合間にちょこちょこ仕事をして5時には帰る、という生活を送っていました。それでも給料が僕より高いのですから、その環境で仕事をすることに疑問を持つ時もありました。

仕事を頑張っている人ほど報酬を多く支払われるべきであり、まったく仕事をしていない人の報酬が多いのは健全な組織だとは言えません。まだ成果主義という言葉が認知される前の話ですが、僕は大企業では当然のように思われていた風潮に疑問を抱くようになったのです。

おそらく、当時は大企業で働いている人の多くは、仕事をしなくても高額の給料をもらっている人を「そんなもんだろう」と捉えていたでしょうし、自分もいずれ楽ができると考えていたかもしれません。

しかし、僕は「それは幸せな生き方なのか」と自問自答する日々を送っていました。テレビ局という誰もが羨むような環境にいて、高額の給料をもらっていながら、今の自分は少しも楽しくはない。

その理由はなぜなのかを突き詰めて考えた結果、お金や出世より、本当に自分らしい生き方をすることが幸せにつながるんだなと思い至ったのです。そこから出世するとか、人に認めてもらおうと考えるのをやめましたし、お金に対するこだわりもなくなりました。

僕は、そういう違和感は大事だと思います。

たとえば、仕事はできないのに上司に取り入るのが上手で、毎日のようにカラオケに行ったり、週末に一緒にゴルフに行ったりして出世するような人は、今でも少なからずいるのではないでしょうか。

そういう人が組織をダメにしています。たいてい、そういうタイプは能力のある人を押さえつけ、排斥（はいせき）します。優秀な人材が能力を発揮できずに塩漬けにされるので、組織は内部から少しずつ蝕（むしば）まれていくのです。

事業に失敗したといった目に見えるリスクではないので、組織の内部にいる人はなかなか気づきません。気づいた時には優秀な人材はほとんど流出してしまい、組織を抜本的に立て直す人材もいないため、誰がトップになっても企業を立て直せなくなっているのです。これが、今日本の多くの大企業に起きていることです。

大きな船が傾いても、20代や30代のビジネスマンなら転職先が見つかりやすいので、すぐに逃げ出せます。悲惨（ひさん）なのは、40代以上のベテランの人。転職先が見つからず、沈みゆく船にしがみつくしかない人は大勢います。

沈みゆく船から逃げ出せない人も、おそらく若いころは組織に対していろいろ疑問や不満を抱いていたと思います。しかし、その違和感と向き合わず、「会社とはこういうものなんだ」と無理やり自分を納得させていたのでしょう。

僕も、お酒を飲んだら気持ちがまぎれるのでは、とか、カラオケに行ったらストレス解消できるかもしれない、と思っていた時期もありましたが、心の底ではずっと違和感が消えずに残っていました。それを解消するためには何か行動を起こすしかないと考え、最終的には転職を選んだのです。

こうした違和感は、自分が次のステップに踏み出す時期に来ているのだと知らせるための警告音のようなものです。その違和感を無視せず、それを解決するためにどうすべきかをその都度考えるのが、自分らしい人生を送る秘訣です。

本当は、いちいち立ち止まって考えているより、組織のやり方に流されていくほうが楽です。しかし、楽な環境に身を置いている人ほど世の中の流れに左右されやすくなります。ある日会社が外資系企業に買収され、リストラが始まった時、真っ先にクビをきられるかもしれません。

もちろん、人がどのような人生を送るかはその人の自由ですが、仮にうまく定年まで勤め上げて、成果主義の時代になる前に切り抜けたとしても、自分の社会人生活を振り返った時に、お金以外に何も残っていないのではないでしょうか。

達成感や人間的な向上心のない人生ほど、無味乾燥なものはありません。さらにいうなら、仕事はお金を稼ぐのだけが目的ではなく、社会貢献につながるから充実感も得られるのです。

「日本を元気にするプロジェクト」は世の中の働き方を変えて、仕事の本質を取り戻せるのではないかと僕は信じています。

変えるべきは、教育と政治

本当は、日本を元気にするためには学校教育と政治を変えるのが一番です。

しかし、民間の企業が年功序列ではなくなりつつあるというのに、教育の世界と政治の世界は、相変わらず年功序列がまかり通っています。おそらく、完全に実力主義の世界ではないから、若くて有能な人はくすぶり、仕事ができないベテランが幅を利かせるような状態になっているのでしょう。

教育と政治の世界でも「すごい人」を生み出せないのが、最大の問題点ではないでしょうか。

僕も若い政治家と話をする機会はあるのですが、みな「日本をよくしたい」という理想に燃えていて、実行力もあり、頭も切れる。けれども、そういう政治家がメディアで注目されることはなく、討論番組でもたいていベテランの政治家が出演しています。

おそらく、目立つような発言をしたらベテラン議員に睨まれるのでしょう。それを避けるために、ひそかに自分のやりたい活動をしている若手議員もいます。

これは、「すごい人」を誕生させないようにしているようなものです。大人の対応という名目で若手の芽を摘んでしまっています。

教育の世界も、教える側に「すごい人」がいなければ、子供たちは尊敬できる大人にめぐり会えません。

僕が最近知り合った学生の起業家は、中学時代に「先生みたいになりたくないのに、なぜ勉強しなきゃいけないんですか」と先生に聞いたら、それ以降つらくあたられたそうです。その後、彼は学校には通わなくなり、起業をしたといいます。

彼の発言にも問題はあるかもしれませんが、その先生もそこで彼が納得できるような反論ができなかったのなら、教師として未熟ではないか、と思います。

「大人のようになりたくない」と思っている子供たちが多いのは、社会にとってもマイナスです。人は、「こうなりたい」と思う人のそばにいないと、なかなか成長できません。

ただし、本当は教育の現場でも「日本の教育を変えたい」という問題意識を持っている教師は多いのではないか、と思います。しかし、教師の負担が多すぎて疲弊しているのです。

僕はイスラエルという国に注目していて、現地の企業を見学しに行ったこともあります。

イスラエルで聞いた話によると、イスラエルと日本の母親では、学校から帰ってきた子供にかける質問が違うそうです。

日本の母親は「今日は先生の質問にいくつ答えたの？」と質問する。一方、イスラエルの母親は「今日は先生にいくつ質問したの？」と聞く。ここに、日本の教育の課題が凝縮されているような気がします。

サンリオでライセンスビジネスを世界的に成功させた鳩山玲人さんと対談した時、「日本の教育は主張することを教えていないのではなく、主張しないことを教えている。空気を読むことを教えるから、必然的に人々が持つ考えはある程度一緒になっていく」と仰っていました。

僕もこれには同感です。だから日本人は新しい「答え」を見つけ出すのが苦手で、まったく新しいものを生み出すような人材はなかなか生まれないのだと思います。

新しいものをつくるのと、今あるものを磨き上げるのでは、求められる能力がまったく違います。今までは過去の成功を磨くだけである程度は成長できましたが、これからはゼロベースでイノベーションを起こせる人にならないと、世界で生き残っていけません。

しかし、社会に出てから「新しい答えを見つけられる人」「新しいものをつくれる人」を育てるには時間がかかります。やはり、子供のころからそういう教育をしておかないと、日本はますます海外で渡り合っていけなくなる。僕はそんな危機感を抱いています。

英語だけ勉強しても、海外で成功はできない

「グローバル化」というキーワードはさんざん繰り返されていますが、「では、どうしたらグローバルな人材になれるのか?」と問われれば、曖昧(あいまい)な人も多いのではないでしょうか。

一番わかりやすいのは、英語ができるようになること、です。

実際、小学校から英語の授業が始まりました。

たしかに英語ができるに越したことはありません。子供の時から英語を学ぶこと自体は否定しませんが、英語力がつけばグローバルな人間になれるというのは大きな間違いです。何のスキルもないのに、英語だけ学んで国外に出たところで誰にも評価してもらえません。

世界でも通用するような突出したスキルや知識を持っていて、それを海外でアピールできるような人がグローバルな人と言えるのです。

僕が英語を本格的に勉強しはじめたのは、実はＬＩＮＥの社長になってからでした。ＬＩＮＥが海外でも評価されはじめてから、外国人の方や海外のメディアと話をする機会が増えました。必要に迫られて、英語の勉強を始めたのです。

この時は、知人が経営しているフィリピンのセブ島にある英会話学校に1週間通いました。毎日コツコツと少しずつ勉強するより、集中して一気に勉強したほうが、上達するのは早いからです。

また、ＬＩＮＥの親会社は韓国の企業なので、社内には1、2割ほどの韓国人がいました。そのため、やはり社長になってから韓国の大学の寮で3週間韓国語の勉強をしたことがあります。

結局のところ、外国語は必要になってから勉強すると身につくのであり、「いつか必要になるだろう」と勉強したところで、使わなければ忘れてしまうのです。

やはり、語学は二の次で、個人の強みを持つことが第一でしょう。その強みを持っている人が、海外で成功できるのです。

本書の対談相手の一人である医学博士の石川善樹さんは、「ＡＩで英語や中国語などをリアルタイムに自動翻訳してくれるようになっても、外国語を学ぶ必要はある。今まではコミュニケーションのための外国語だったけれど、これからは考えるためのツールとして外国語は必要になる」と語っています。

多様性を身につける

外国語を身につけることのもう一つの大きな意義は、その国や文化の考え方を学べることにあります。

海外では、英語を話せるかどうかより、その土地の文化や歴史、風習など異質のものを受け入れることが大事です。多様性を受け入れられないと、やっていけないでしょう。

英語だけを深く学ぶと英語偏重主義になるので、他の国の言語も学ぶとバランスがとれるかもしれません。言語を通じてその国の伝統文化や歴史を学べるので、韓国語を学んだのはビジネスの場でも役立ちました。

多様性を身につけるには、やはり多様な価値観のある環境に身を置くしかありません。僕はＬＩＮＥで外国人と過ごしていたので、自然とそういう視点が身についたのだと思います。

もちろん、すんなりとわかりあえたわけではありません。

たとえば、日本人と韓国人は肌の色も髪や目の色も同じなのに、「ここまで考え方が違うのか」と驚くことばかりでした。韓国人は社長の意見だからといっておとなしく従うわけではありません。部下である韓国人の女性から、「あなたは存在意義がない」と1時間ぐらい問い詰められて、泣きそうになったこともあります。それぐらい、外国の人は激しく自己主張をするのです。

時には騙されたこともありますし、衝突したこともあります。日本の常識では信じられないことばかりでしたが、途中から自分が変わらないとやっていけないと痛感しました。

相手は文化や歴史、常識が異なる国で育ってきたのだから、自分と考えが違うのは当たり前。そう捉えるようになってからは、相手を受け入れられるようになりました。

僕自身、とにかく物事を率直に言うように心がけていました。日本人は「空気を読む」ことを重視して遠回しな表現が好まれますが、4人に1人が外国人の組織でそれをすると、かえって誤解を生んでしまいます。

したがって、仮に否定的な内容でも、できるだけストレートに伝えるようにしていました。ただし、相手のメンツをつぶさないよう、1対1の場で話すようにはしていました。率直に伝えた結果、「イヤな人だ」と思われても、それはそれで構わないと考えていたのです。

そもそも、外国人が激しく自己主張するということは、それだけ仕事に対する情熱があるということでもあります。日本人が海外に出てもおとなしいのは、そこまでの情熱や覚悟がないからかもしれません。それを考えると、見習うべき点は多々あります。

欧米人はロジカルですが、韓国や中国は日本人と同じように人間関係を重視します。お酒を飲んで仲良くなろうとする傾向があるので、僕もLINEにいた時（とくに会社がそこまで大きくなかった時期）は、部下と一緒によく飲みに行っていました。

そうやって相手の背景にある歴史や文化を理解し、相手に合わせたつきあい方をできるのが、グローバルな人間だと僕は考えています。

夢を持つ人が多いほど、社会はよくなる

今の日本に必要なことを一言でいえば、「夢を持つこと」です。

「夢」というと青臭く感じるかもしれません。けれども仕事とは何かということを突き詰めれば、社会をよりよくしたい、こんな人生を送りたい、豊かな生活をしたい、といった夢を実現することであると思います。

そうした「夢」の総量が多い国ほど、豊かな国であるということができるのではないでしょうか。とくに、これからの日本を担うべき若者の夢の総量を増やすのが国を豊かにする一番重要なことなのです。

日本では、若い世代の貧困などがクローズアップされます。しかし、今の日本の失業率を考えれば、仕事がない状況だとは言えません。だとすれば、働き方か社会環境を変えなければ、頑張って働いても貧困から抜け出せず、若者たちが夢を失ってしまいます。その

絶望感が社会の雰囲気を悪化させます。

だから、今の時代こそ若者には夢が必要なのです。

年長者の社会での役割は、若者に夢を持たせる社会をつくること。

ところが、日本ではベンチャー企業が参入しても大企業が手を組んで潰すこともありますし、年長者が若者の足を引っ張っています。これでは若者は「何をやってもダメ」「たかがしれている」感にさいなまれてしまいます。

僕の夢はといえば、いつもみんなが楽しく暮らしている世の中になるのが理想的なイメージです。これは単なる夢物語ではなく、仕事を通して実現可能なことだと考えています。

たとえば、仕事のやり方一つをとってもそうです。仕事はすべてを自分一人ではできないので、周りの人の力を借りなくてはなりません。

周りの人の力を借りる時に、自分の求めているとおりに無理やり従わせるのと、「いいアイデアを出してくれて助かったよ」と感謝するのとでは、まったく結果は違うでしょう。

相手の考えや価値観を拒絶してしまったら何も生み出しませんし、溝が深まるばかりです。だから、社員から自分と違う意見を言われたとしても、「違う意見があったから、自分の考えや視点が広がった、ありがとう」と感謝するようにしています。

自分と違う価値観を否定してばかりいると、結局、周りもみんなそうなっていきます。それが日本で生きづらく感じる原因の一つでもあると思います。

しかし、世の中や会社を批判してばかりいるのではなく、自分でいい方向に変えようと行動を起こす人が増えれば、日本は元気になるはずです。

つまり、自分の身近なところから変えていくのが、世の中を変えることになります。平和な社会をつくる、というのが究極的な目標だとして、そこから逆算して、そのためにはみんなが楽しく暮らせるようにならなくてはならない、楽しく暮らせるようになるためにはコミュニケーションを活発化できる場をつくらなくてはならない、という感じで、何が課題で何をすべきなのかを考えていきました。

そして辿りついたのが、今携わっている「C CHANNEL」という答えだったのです。

対談1

石川善樹氏（予防医学研究者）

AIの時代に必要とされるのは「問い」の力

いしかわ・よしき
予防医学研究者。医学博士。1981年、広島県生まれ。東京大学医学部健康科学科卒業後、米国ハーバード大学公衆衛生大学院修了。自治医科大学で博士（医学）取得。専門は行動科学、ヘルスコミュニケーション、計算創造学など。株式会社キャンサースキャン、株式会社Campus for Hの共同創業者。ビジネスパーソンを対象にしたヘルスケア、ウエルネスの講演、執筆のほか、NHK「NEWS WEB」第3期ネットナビゲーターを務めるなど幅広く活動している。著書に『友だちの数で寿命はきまる』『最後のダイエット』（以上マガジンハウス）『疲れない脳をつくる生活習慣』（プレジデント社）など。

これからの時代に求められているのは「問う力」

森川　ＡＩが発達して、人間の働き方が変わると言われています。

石川　まさに時代の転機にいますよね。僕の子供はまだ小さいのですが、たとえば外国語を学ぶ必要があるのかということを考えます。日本人って外国語が苦手じゃないですか。これからは、ＡＩが発達してリアルタイムに自動翻訳してくれるようになる。そうなった時に、そもそも外国語を学ぶ必要はあるんだろうか？

森川　面白いですね！　どういう結論になりました？

石川　よーく考えてみたのですが、やはりあると思いました。なぜかというと、これまではコミュニケーションのための外国語だったけれども、これからはむしろ考えるためのツールとして外国語を使う時代になるんじゃないかと。

森川　なるほど。目的が変わるということですね。

石川　はい、そうなると重要になるのが、苦手であることです。苦手な外国語で考えるからこそ意味が出てきます。たとえば僕は英語が苦手なんですが、逆に語彙(ごい)が限られてい

るゆえに、シンプルに考えられます。もし外国語が得意で、言葉を自在に操れたらこうはいきません。

森川　むしろ思考が複雑化する。

石川　まさに仰るとおりで、言葉の海におぼれて混乱してしまうんです。それを考えると、今は外国語のテストで100点をとることがよしとされますが、これからは100点をとると怒られる時代になると思ったんです。「得意になっているんじゃない。60点で止めろ」といった具合に（笑）、常識がかなり変わるかもしれませんね。

森川　そういう意味では、これからの時代に必要なスキルってなんでしょうか。

石川　あー、それは面白い問いですね。うーん、たとえばこういう考えはどうでしょうか。そもそも人間の本質に立ち返ると、視野が狭いという弱点があります。その理由はいくつかありますが、まず一つは、見たいものしか見ないので、例外に目を向けにくいという傾向があります。あとは、少ないデータから過剰にパターンを見つけてしまうというのも人間の癖です。たとえばO型は大雑把(おおざっぱ)というパターンを信じたりする（笑）。

データからパターンを見つけるのは、どう考えてもコンピュータのほうが得意です。そもそもコンピュータって、語源は「共に考える」という意味。人は考えるのが本当に苦手ですが、考える仕事はだいぶコンピュータがやってくれるようになるので、これからはどちらかというと、何を考えるのかという、お題を出す仕事が増えると思います。

森川　なるほど。

石川　つまり、「問い」を立てるスキルが必要になると思います。

森川　問いを立てるのも「考える」ということにはなりませんか？

石川　たしかにゴチャゴチャしてますね。では整理するうえでも、考えるというプロセスを広く捉え直すと、1）問いを立て、2）解いて、3）意思決定して実行する。この三つのフェーズになります。

この中で解くというのは、これまで人間がやってきたことですが、それをコンピュータがやってくれるようになる。あとは問うことと意思決定が残るので、それが人の仕事になると思います。

森川　問う力というのは、どうやったら身につくものですか。

石川　それはまさに僕も知りたいことですが（笑）、たぶん相当バカになる必要があると思います。

森川　では、知ったかぶりはダメですね。

石川　ダメです。僕ら研究者は、最初は出されたお題を「解く」ところから修業が始まります。解く時はロジカルであることが求められるのですが、だんだん解くほうから、お題を出すほうになります。この時はむしろロジックが邪魔になる感覚があるんです。

森川　子供みたいに「何だろう」と興味を持つ感覚が必要になるみたいな。

石川　まさにそうです！「何か、これっておかしくない？」という感覚は、ロジカルというよりも情緒です。あるいは感性と呼ばれるかもしれません。

そういうとカッコよく聞こえるかもしれませんが、たとえば問いを立てる時は、「どうしてリンゴは木から落ちるんだ？」というような当たり前のことを当たり前と思わない、バカみたいな感覚が求められるんです。

森川　頭でっかちになってしまって、そういうものだと思いこんでしまうところを壊さなければいけないということですね。

足すよりも引く時代

森川　みんなが当たり前だと思っているけど、石川さんの中では当たり前じゃないことって何かありますか？

石川　あります！　もう長いことずっと疑問に思っていて、いまだに「それはおかしいだろ！」と憤慨していることがあるんです。

森川　まあ落ち着いて（笑）。それは何ですか？

石川　小学校に入ると最初に「1＋1＝2」って習いますよね？

森川　はい。

石川　僕が憤慨しているのは、どうして「引く」を最初に教えないで、「足す」から教えるんだということです。

森川　すみません、意味がわからないのですが（笑）。

石川　あー、そうですよね。はい。少し説明すると、たしかにこれまでの人類はお金にしろ、モノにしろ、「足す」ことで豊かになってきました。でも今は「引く」時代なんじゃないでしょうか。これは本当に要るのかと、どんどん引いていくことが求められていると思うんです。

森川　本質的なものを突き止めることにもなりますね。

石川　そう考えると、「足す」より「引く」ことを先に教えたほうがいいんじゃないかと思うんです。「1－1＝0」こそ最初に教えるべきで、色んなものをはぎとった後に残る「ゼロ」の自分とは何なのかを考えたほうがいい。極端なことを言ってしまえば「引く」こともできない人間が、うかつに足すことを覚えていいんだろうか？」と。

森川　なんとも不思議なことで石川さんは怒ってらっしゃるんですね……。

石川　もちろん冗談も少し入っていますが（笑）、真面目な話をすると、そもそも「足す、引く、掛ける、割る」というのがあった時に、どういう順番で教えるべきかを考えなおす時代にきていると思います。

森川　深いですね。

石川　褒めていただいたので、もうちょっと深い話をしますね（笑）。足すということは、ない状態から、いろいろ足していって、「ある」状態になるわけです。いろいろなものがある状態になると、なくなった時に悲しい。でも常にないと思っている人は、あることが有り難くなってくる。感謝の心しか芽生えないんです。だから常にないという状態にしておいたほうが、本当の意味では幸せなんです。

スティーブ・ジョブズはどんどん引いて、シンプルなｉＰｏｄを発明しましたが、ソニーはそれに気づけなかった。そういう意味でこれからの小学校では引き算から教える時代になったと思います。「君たち、足すのはまだ早い。まず引け」と（笑）。

森川　そのほうが新しいものが生まれやすいですよね。何もない状態のほうが、工夫が生まれるじゃないですか。いろいろあると、工夫しなくて、あるものを組み合わせてしまったりしますからね。

石川　ＬＩＮＥもそうですよね。東日本大震災で連絡が取れない状況になって、そこで改めて必要なものがわかったというか、そういうルーツですよね。

森川　そうですね。何もないところから生まれたコミュニケーションツールです。

石川　マイナスを突き詰めるとどこに行くかというと、無に行くというか、エンプティに行きますよね。実は、日本の価値はそこなのではないかと思うんです。

森川　どういうことでしょう?

石川　僕はこういうふうに思うんですが、物事はプリミティブ（原始的）な状態からスタートします。原始的な状態から、コンプレックス、複雑なものに向かう。そのあと、引いていってシンプルになる。

土器なども最初はすごくプリミティブなものだったのが、縄文土器はややこしいじゃないですか。弥生土器になると、シンプルになります。そういうふうに進化というものは、プリミティブ、コンプレックス、シンプルという流れになっています。

森川　ほう、それは面白い視点ですね。

石川　ところが例外がありまして、世界の中で日本だけが違う形式になっているんです。プリミティブ、コンプレックスのあとに、違うものになったんです。これは何かというと、実は応仁の乱がきっかけだと言われています。応仁の乱までは豪華絢爛というコンプレックスをよしとする時代だった。でも街が全部なくなってしまってから、「またあれをやるのか」みたいな話になって、彼らが行きついたのが、無の境地というか、エンプティだったんです。

エンプティであるからこそ、いろいろなイマジネーションがそこに乗っかる。シンプルとエンプティって実は似ているようで全然違う。この違いを一番表わしているのは、アップルと無印良品。アップルはシンプルの哲学でつくられていて、無印良品はエンプティです。何もない。

森川 なるほどね。

石川 この微妙な違いは大きな意味を持ちます。それについて無印良品の製品をいくつもデザインしている深澤直人（ふかさわなおと）さんが、こう表現しています。驚く、すなわち「Ｗｏｗ」には2種類ある。それは「ファーストＷｏｗ」と「レイターＷｏｗ」で、アップルはファーストＷｏｗだから、商品を見て新しさにまず驚く。無印はレイターＷｏｗです。使っていくうちに、「おっ、こんな使い方もできるのか」と、発見して驚く。レイターＷｏｗが、まさにわびさびにつながるんです。

そのエンプティという概念を強みとして持っているのは、世界中に日本しかないと思います。世界はエンプティを真似しようとして、シンプルにしているのですけれども、ゼロにするには、シンプルからまだ引かないといけないんです。

だから小学校では、これからは1プラス1が2ではなくて、1マイナス1は0である。

0とは何か、から始めたほうが色んな意味でいいんではないかと。
森川　うまいことまとめましたね（笑）。でも禅問答のように深いですね。

日本人は「問いの力」で勝負すべき

石川　日本人は意思決定が苦手だと思います。小さいころから、空気を読むというフレキシビリティのほうを大事にしている。だから意思決定では、世界ではもう勝てないと思います。日本人は問いの力で勝負していけばいいんです。
なぜ問えるかというと、やはりいろいろな人の気持ちがわかるから。エンプティの精神があるから、究極に引いていくと、何が残るのかというのがわかるのではないかと。
森川　そのあたりは、マインドフルネスと何か関係ありますか。
石川　あー、なるほど。関係ありそうですね。マインドフルネスというのは、気づきのトレーニングと言われています。自分がどこに注意を向けているかに気づくことです。
森川　マインドフルネスというのは、どうやるんですか？
石川　とくに形式にとらわれるものではないんです。何かを食べていてもいいし、歩いていてもできるし、料理していてもできる。要は、自分がどこに注意を向けているかに意識を向ける。脳内一人実況中継みたいなことをやるんです。

森川　客観的に自分を見るということですね。

石川　そうです。たとえば、I am angry. とI feel angry. は全然違うと言われます。I am angry. と言った時は、私イコール怒りになっていて、怒りに脳をハイジャックされています。I feel angry. は、私は今怒りを感じていると、客観視できるんです。

怒りという感情は自分にどういう思考を生んでいるのか。人はネガティブ感情をすごく避けるのですが、実はネガティブ感情はとても重要で、人はイライラしないと創意工夫はしないですし、怒らないと創造的な思考ができないんです。たとえばすごく強い敵がいて、理性的に考えると、倒せない。それでも、怒っている時は、非常にクリエイティブに「敵を倒そう」と物事を考えられるんです。

森川　そうか、パワフルになるんですね。

石川　怒っている時はそうなんですけれども、逆に同じネガティブ感情でも、不安という感情は、人をすごくロジカルにする。だから飛行機の管制官は、めちゃくちゃ不安が強い人が多い職場なんです。そうじゃないとできません。

森川　たしかに、管制官が楽観的だと危険ですからね。

石川　機体にトラブルがあっても、「まあ、このままでも飛べるんじゃないの？」という管制官だったら大変です（笑）。プログラマーもそうです。エンジニアも不安が強い人とか、イライラしやすい人じゃないと向いていないと思います。

けれども、ネガティブ感情に振り回されると大変です。そんな時は、マインドフルネスがすごくいいんです。自分は今怒っているんだとか、こんなことにイライラするんだ、何が自分をこんなにイライラさせているのかを、脳内で実況中継するんです。ネガティブ感情に脳をハイジャックされると、自動的に思考が進んでいくから、「相手が悪い。私はかわいそう」という悪循環に陥りがちです。

森川　でも、そのほうが楽ですよね。

石川　楽です。ただ相手を責めて、自分をなぐさめても、何も生まれないですよね。それをうまくコントロールできると、自分の思考の癖とか感情の癖に気づけて、ネガティブ感情をコントロールできるようになるんです。

森川　石川さんもマインドフルネスをやっているのですか。

石川　アマチュアですが、ある程度はやっていると思います。というのも僕はそもそも中学校が世田谷学園という、仏教系の学校だったんです。

森川　すでに中学生の時からやられてたんですね。

石川　でも、当時は単なる真似事ですね。マインドフルネスとしてしっかり学んだのは最近です。これをやると本当にいいですね。一番は、いろいろなことに気づくようになりました。

森川　どういう時にやっているのですか。1日の終わりとか？

石川　僕の場合は感情が激しく動いた時にやります。ネガティブ感情だったりポジティブ感情だったり、感情がグワッと動いた時にやるといい感じです。

感情を1回冷静に見られると、ものすごく客観的に状況を把握できて、学びが多いですね。「あ、自分は今、イラッとしているな。一体何に対してだろう」と考えるようになる。

森川　僕も26歳くらいから生き方が変わったのですけれども、その頃、日々あまり楽しくなかった。なぜ楽しくないのだろう、幸せとは何だろうと考え始めたんです。多くの人は幸せになりたいと言うのに、自分の幸せが何かがわからないから、いつまでも不幸なのではないかと思って、僕なりの幸せは何かを1年くらい考えつづけました。それで、自分は何をすれば幸せになるかが見えてきて、変わったんです。

石川　あー、それは素晴らしいですね。なにより今「1年かかった」と仰っていましたが、普通1年間も考えつづけられないですよね。

森川　楽な方向にどうしても行ってしまいます。スティーブン・R・コヴィーの『7つの習慣』という本でも言われていますが、急ぎでどうでもいいことと、急ぎじゃないけれども重要なことがあって、皆さん、急ぎで重要じゃないものばかりやっているんです。なので、結局自分は何のために生きていたのだろうと、死ぬ時に反省する。

石川　なるほど。僕もマインドフルネスをちゃんとやりはじめて、日々を満足して生きていないなと気づいたんです。というのは、1日が終わった時に、「今日も何もできなかった」というのが、実はこの10年くらい口癖になっていたんです。

森川　学者さんは自分に求めるレベルが高いんですよね。

石川　学者としては、新しい学問をつくらないと、生きた意味がない。だから「今日も新しい学問に届かなかった」というのが口癖だったのですけれども、それもマインドフルネスをやりはじめて、まず「あ、口癖だな」と気づいた。気づいたら、次は考えられるんです。

そこではっと気づいたのは、それまでは新しい学問をつくるという人生のゴールばかりを考えて、日々のゴールを考えたことがなかったのです。そのせいで、毎日絶望していた。では、日々何をしたら満足なのか？　それに気づいたら、こっちのものです。

森川　無意識にやっていたことに気づいたんですね。

石川　はい、結局よくわかったのが、僕の場合しっかり勉強することが日々の満足につながるということです。そこでさっそく毎朝1時間勉強しはじめたんですが、ちょっと長くてつらかったんです（笑）。でも、それぐらい勉強しないと満足できない。そこで発明したのが、時間は2時間とって、そのうち1時間、どこかで勉強したらいいというシステムです。当たり前ですが、頭を働かすにもウォームアップやクールダウンが必要だよなと新たな気づきにもなりました。

森川　そういう意味では、もやもやすることって大事ですね。もやもやしているということは何か課題があるから、それを解決するために考えて、結果を出す。酒を飲んで忘れるとか、もやもやを消そうとする人がいますけど、それはもったいないですよね。

石川　もったいないです。もやもやをもう少し具体的な問いに直した瞬間に、もう勝ちですよね。

無駄をたくさん経験している人が一流になれる

石川　僕、今日は元陸上選手の為末大（ためすえだい）さんと対談をしてきたんです。最終的に一流と言われる競技者になっていく過程において重要なのが、目先の損得、つまり短期的な効率に惑わされないことだと仰っていました。

最終的な完成形、といってもその時点ではわかっていないのですけれども、それに向かっていく。その時、「これがいけるんじゃないか」と感じる。そこは直感らしいんです。ここを掘れば、もっといいフォームになるのではないか。そこは直感らしいんです。どう頑張っても、そこは為末さんをもってしても言語化できない分野らしいです。

そういう自分の感覚っていうのがあって、そこを掘れる人は一流の競技者になれる。ただ人より速くなりたいとか、試合で負けたからという理由で、そのつど修正してしまう人は、長い目で見るとだめになると仰っていました。

森川　ということは、ビッグデータ解析的なアプローチをずっと続けると劣化してしまうのですか。

石川　そうだと思います。A／Bテスト（異なる2パターンのものを用意し、どちらが効果的なのかを比較するテスト）をずっと繰り返していくのは、本当にいいのか。短期的に成果が上がっても、中長期的には大きなチャンスを逃している可能性はあります。

森川　僕も、前に為末さんと飲みながら話したのですが、日本で勝つ選手と世界で勝つ選手の違いは、日本で勝つ選手はコーチの言うとおり一生懸命にやる選手で、世界で勝つ人はむしろコーチの言うとおりにやらない人で、自分らしさを見つけると勝てるみたいなことを仰っていました。

石川　それは面白いですね。結局、何が違うのだろうかという時に、一番の差は、短期的には無駄と思えることをどれだけやったかだと思います。コーチの言うことを聞かなかった人は、無駄なことをいっぱいやっているはずです。これは人間の弱点で、人間というのは本当に視野が狭い。だからコーチが最善と思っているものはたぶん正しいのでしょうけれども、それ以外にもたくさん大事なことがあって、それはコーチには見えないんでしょうね。

森川　引き出しも増えるし。実体験って大事ですよね。

石川　大リーグに行ったダルビッシュ選手は、まさにそういうタイプの人です。食べ物もこれがいいのか、あれがいいのか、筋トレや投げ方などもいろいろ試して、取捨選択していく。そして、そのエッセンスを日本ハムの大谷選手に教えています。
大谷選手は、「ダルビッシュさんがいろいろ試したことのエッセンスを学べるので、最短距離で成長できます」と言ったのですが、それを聞いたダルビッシュ選手は、「自分が試行錯誤してつかむのと、他人からエッセンスだけ教わるのは全然違う」と指摘しました。

森川　人から答えを与えられたり、短期的な効率を追求したりするよりも、多少無駄があっても自分で答えを獲得していくことのほうがよい、ということですね。

成果を出す目標設定のしかた

森川　読者のためのアドバイスとして、ビジネスパーソンが仕事で成果を出すにはどうしたらいいですか。目標設定のしかたが、やはり大事なのかと僕は思っています。

石川　そうですね。目標設定においては、いつ成果を出したいのかに着目すべきです。学者の世界もそうですが、これはビジネスでもすごく大事な気がします。今日成果を出したいのか、明日出したいのか、10年後に出したいのかで違います。僕の場合は研究者なので、それを40歳に置いています。

というのもその人を代表するような研究をするのは、だいたい40歳前後だからです。たとえば日本人のノーベル賞受賞者を見ると、受賞の元となった研究はその年齢くらいから始めています。だから40歳までは修業だと思っています。

森川　そうした長期的で大きな成果を出すために必要なことは何でしょう？

石川　為末さんと一緒にいろいろ研究しているのですが、日々の仕事において勝利条件の設定がうまい人というのが成果を出しやすいですね。逆説的ですが、長期的な成果を目指す時ほど、日々の具体的なプロセスや変化に目を向けた目標管理をするのです。

森川　勝利条件というのは、自分に対するご褒美（ほうび）の与え方みたいなところですか。

石川　何が勝ちで、何が負けなのかという条件ですね。たとえば1時間で企画書をつくろうという時に、その1時間のプロセスはよかったのか、悪かったのかというフィードバックです。たとえばスポーツ選手の場合は、記録というフィードバックがあります。けれども、ビジネスパーソンはそれがわかりづらい。

森川　何をマイルストーンとするか、ですね。

石川　だいたい遠くに目標を置いていますから。そうじゃなくて、日々の目先のこと。たとえば本だったら、売れるかどうかなんていうのは、運のよさも結構大きいじゃないですか。そこに勝ち負けの基準を置いてしまうと、毎日が味気ないものになる。日々の目標設定がうまい人は変化を積み重ねやすいのですが、これはなかなかできないことです。

森川　なぜできないんですか。

石川　うーん、やっぱり考えるってどうしても面倒だからですかね。というのも、人の脳というのは、省力化、つまり考えないで済むように処理したがるんですね。だから、肝心な時にもなまけてしまって、成果が出せない。

森川　では、毎日の仕事に対してはどうやって取り組んだらいいんでしょう？

石川　それには三つのプロセスがあると思っています。

まず一つ目は、仕事をやりたくない状態で机に座ってしまう人が多いと思いますが、これはダメです。そうすると僕らの脳は賢くないので、机という環境と、やりたくないという嫌な気持ちが結びついてしまう。

これは、眠くない時はベッドに入るなというのと近い。本当は寝たいのだけれども、眠れない。「眠れないいな」と思ってベッドにいると、そのベッドという物理環境と感情が結びついてしまうんです。だから眠くなるまでベッドに行くなと言われています。

森川　それは面白い考えですね。

石川　だから仕事がやりたくなるまで、座らないほうがいいわけです（笑）。

森川　それはその人はいいかもしれないけれども、会社は大変です（笑）。

石川　もっと言うと、同じパソコンで仕事もするし、フェイスブックもする、だとこのパソコンは何をする道具なのか脳はわからなくなります。野球にたとえるなら、パソコンはバットみたいなもので、それで遊んでいるようなものです。

森川　新しい発想ですね。

石川　脳が大混乱するんです。そのせいもあって、今集中できない人が増えています。では、やりたくない時はどうしたらいいのかというと、なぜやりたくないのかをよく考える。成果を出すための二つ目の要因で大事なのが、ルーティンを持つことです。

森川　ルーティンに落とし込むといいと言いますよね。

石川　ルーティンの役割は二つあります。そもそも人は1日にできる意思決定の数は限られているので、できるだけ無駄な意思決定をしないほうがいい。脳のリソースを使う必要のない仕事は、なるべくルーティンにすることで、力を温存するのです。そうしないと、脳は本当に考えるべきことまでルーティンでこなそうとしてしまうからです。もう一つは、ルーティンをすることによって、脳に指令を送るという役割があります。イチロー選手がバッターボックスでやっているのがそれですね。

森川 ラグビーの五郎丸（ごろうまる）選手のポーズが話題になりました。

石川 五郎丸選手はルーティンをやっているように見えるのですが、その中でイメトレをしているんです。イメージリハーサルというか。今から自分はこうやってこれをやるぞ。五郎丸選手だったら、「こうやって、こう蹴るぞ」なんです。

ビジネスパーソンの場合は、パソコンを使う仕事が多いと思いますが、同じように1回頭の中でイメトレしたほうがいいんです。「自分はこうやって仕事を始めるぞ。パソコンを開いて、このソフトを開いて、こうやって始める」と具体的にイメージしていないと、「さあ、やるか」と思っていながら、はっと気づくと、フェイスブックをやってたりします（笑）。

森川 わかります（笑）。

石川 三つ目は、適切な目標設定をする。適切な目標設定は、三つのCが大事だと言われています。それはコミットメント、チャレンジ、コントロールです。コミットメントは、この仕事をやることは自分にとってどう意味があるのか、ちゃんと納得していなければいけない。それがないのにやってしまうと、続かないですよね。

チャレンジは、自分にとってある程度、負荷があるものです。チャレンジとコントロールは似ているのですが、コントロールが効かなくなると、チャレンジ度が上がっているということです。チャレンジとコントロールの適切なバランスはすごく大事です。

森川　あまり無茶しすぎるとよくないということですね。

石川　そうです。チャレンジしているかどうかは、自分の感情でわかるんです。一番わかりやすいのは締め切り前です。締め切り前は恐怖という感情が生まれます。やべえ、となって、集中する。あるいは「こんなの、つくりたい」みたいな希望とか、研究者だったら「これはどうなっているんだろうな」という興味などの強い感情が生まれてくるはずです。

森川　その逆は、あきらめみたいな感じですか。

石川　そうですね。イライラだったり。その状況だと、結局目の前の課題に対する目標設定というか、チャレンジが適正でない可能性が高いですね。

一流の人ほど、日々の目標設定がめちゃくちゃうまいんです。たとえばですが、為末さんはずっと走っています。でも、走るという動作はチャレンジのしようがあるのかと思うぐらい、単純ですよね。それでも、掘りようはいくらでもあるんです。仕事はどうしても日々の繰り返しが多くなってきて、飽きてしまいがちです。けれども一流の人ほど、毎日の作業を適度なチャレンジに変えていくということをしていますね。自分を飽きさせないようにしています。

森川　常に改善する。モチベーションのエンジンをつくりつづけるということですね。

社訓の唱和は実は効果がある

森川　ちなみに、とくに日本人に合う目標設定のしかたってあるのですか。

石川　素晴らしい質問です。僕はまさにそれを研究してるので（笑）。

森川　研究でどんなことがわかりましたか？

石川　どうも日本人の場合は、コミットメントが一番重要なようです。

森川　自分が本当にやりたいかどうか。

石川　そうです、意味があるのかどうか。逆にアメリカ人とかは、チャレンジとコントロールのバランスがすごく大事みたいです。

森川　なぜですか。

石川　理由はわかりませんが、現象としてどうもそのようになっていることが報告されています。いずれにせよ日本人の場合は、どうしてこれをやるのか、なぜなのかを納得しないといけないんです。

説明で納得させるということと、体感として納得させるという二つがあって、説明して納得させるのは、実は外国のやり方です。日本はむしろ壁に社訓みたいなのを貼って、それを毎朝全員で読む。「清く、正しく、美しく」とか「お客様のために」みたいな。ああいうのって不思議なもので、毎日読んでいると、だんだん染みついてくるんです。

森川　宗教的な感じもしますが。

石川　実は昔から社訓を読み上げている会社は、メンタルヘルスの案件が少ないというのは結構有名な話です。僕は、ある会社の社員のモチベーションやメンタルヘルスのデータ分析をしたことがあります。すると、モチベーションにしろメンタルヘルスにしろ、両方ともたった一つの要因で説明できたんです。

森川　それは何ですか?

石川　僕も驚いたんですが、それは「会社の理念に共感しているかどうか」だったんです。でも経営陣ならまだしも、現場で汗水たらして働いている社員にとって、理念なんか関係ないだろうと不思議に思ったんです。そこでさらに調べてみると、会社の理念に共感している部署ほど、毎朝きちんと社訓を読み上げていたんです。

森川　そうなんですか。

石川　読み上げると、頭に無意識に残るのでしょうね。自分の日々の仕事はおそらく会社の理念とは遠いのですけれども、日々の業務の中でだんだん結びつけるんだと思います。そういうのはやはり大事なんでしょうね。

問いの立て方が大事

森川　僕は女性向けのメディアをつくったのですが、女性に喜んでもらうには、女性を理解しないといけないと思いました。そこで、女性が喜ぶのは何なのかを定義して、分析して、ロジカルに結論を出そうとしました。

石川　つまり「女性とは何か？」を研究されたのですね。

森川　はい、そうです。

石川　それはぜひ知りたいです（笑）。どのような結論に至りましたか？

森川　女性のことは、女性じゃないとわからないという答えが出ました（笑）。

石川　いやー、それは驚愕の答えですね！　でも森川さんの問いの立て方って、僕が言うのも恐縮ですが、センスいいですよね。「幸せとは何か？」とか「女性とは何か？」とか。

森川　そうですか？

石川　はい、研究者の目から見ても、素晴らしい問いの立て方をされてます。実は、「なぜ？」というのは、あまりいい問いではないと言われます。というのもＷｈｙと問うても、あまり思考が進まないことが多いんです。でも森川さんみたいに、「〇〇とは何か？」というのは、非常にうまい問いなんです。

「〇〇とは何か？」は別の言葉で言うと、再定義しているということです。何か物事を再定義できた瞬間に、とてつもないイノベーション（刷新）が生まれると言われていて、実はレゴ社が復活したのはこの問いがあったからです。

レゴは90年代に世の中のニーズを追いかけ過ぎてしまって、業績が低迷しました。デジタル化など、いろいろなことをやって失敗した。そこで、「子供にとって遊びの役割は何か？」という再定義から始めたことで、レゴ社はV字回復したんです。

ちなみにレゴ社はイノベーションを三段階に分けて考えているそうです。「微修正」「再構成」、そして先程の「再定義」です。微修正とは、小さなアイデアを重ねる改善。再構成は、たとえばロボット×レゴとか、教育×レゴとか、異質のものを組み合わせることです。

森川　なるほど。

石川　レゴ社はこの「微修正・再構成・再定義」を七対二対一の割合でやるのがいいという判断をしているそうです。

森川　そういう感じで、日本人にとってのイノベーションを解明できたらいいですね。

日本人は0.1歩先のイノベーションが劇的にうまい

石川　学問の世界でいうと、母国語で高等教育をやっているのは実は日本だけです。世界の最先端の知見はだいたい英語ですが、あれをすさまじい早さで翻訳して、自分たちのものにして、教えられる。だから「母国語で教えられるのはすごいね」と、むしろ海外からは尊敬されています。

森川　そうなんですね。

石川　でも日本では、「いや、英語で教えなければ」と言い出すのですけれども、果たしてそうなのかは疑問です。翻訳能力が高いことも大事じゃないかと。

森川　今、石川さんは、日本の現在をどう見ていらっしゃいますか。

石川　日本は面白いポジショニングにあると思っています。大雑把に見て、世界の中でトレンドをつくり出すのは、アメリカかヨーロッパです。

森川　そうですね。

石川　これは僕の勝手な視点ですが、まずアメリカはすごく新しいものをつくってきます。なぜかというと、歴史がないというのが強みで、いきなり未来から物事を発想できる。現状を簡単に否定できるんです。

ヨーロッパはどうかというと、「いやいや。歴史があるでしょう」と。たとえばヨーロッパで新たな建築をつくろうと思うと、古いものがあるので超大変です。必ず伝統に基づいて、現在地点から次の一歩を考えざるをえないんです。

逆にこれはものすごく確かなものができる。ブランドがそうです。ヨーロッパの人がブランドをつくるのがうまいのは、歴史をどう大事にして、次に革新していくかをわかっているからです。

森川　アメリカ式の未来を重視したものと、ヨーロッパ式の過去を大事にするものがあるんですね。日本はどうですか？

石川　日本は何がうまいかというと、0.1歩先のイノベーションが劇的にうまい。0.5歩先でもないですよ。これが研究だと特にそうなんです。サービスもそうですね。0.1歩先のイノベーションがめちゃくちゃうまい。

森川　チューンナップ（手を加えて性能をよくすること）に長けているのですね。

石川　そうですね。日本は昔から、明治時代とかもっと前からそうですけれども、持ってきたものを必ず0.1歩ずつ変えていく。それが、日本人の特徴であり強みなんだと思っています。

長生きしたいのなら苦労をせよ?!

森川　切り口は変わりますが、最近、若い人はとにかく情報の量が多いから、いかにエッセンスを抜きとるかみたいな生活をしていて、深い情報に触れる機会がなくなってしまったので、深いものに対する理解が足りなくなってきているように感じています。

石川　それは僕も耳が痛い話です（笑）。

森川　仕事をしていると雑な人が多くて、スピードは速いけれども、完成度が低い。それは完成度が高いものに触れた経験がないので、何をもって高いというのか理解できない状況になっているんでしょうね。デジタルの時代は多くのものが省略されているので、それがリアルだと思うのはリスクだなと感じているんです。

石川　たしかにそうですね。最近思うのは、検索バーに三つの単語を入れることを「考える」ことだと勘違いしてるんじゃないかなと。

森川　それってどういう意味ですか?

石川　グーグルの検索キーワードの平均個数は3.5みたいなんです。だから三つとか四つの単語を入れて出てきたもののエッセンスを抽出（ちゅうしゅつ）するという、サマライズ（要約）能力を考えることだと思っている人が多いんじゃないかなと。まあ、僕のことですが（笑）。

森川　なるほど（笑）。

石川　でも検索しても出てくるのはあくまで表層的な情報でしかなくて、本当はその奥にある本質に迫らなければいけないんです。そもそもみんなが検索エンジンを使うようになったら、結局、答えはほぼ似てくるはずです。

森川　ネットの世界でいうと、みんなコンテンツをつくらずに、つくられたものをうまく利用したほうが賢いのではないかみたいな話があります。そうするとおおもとのコンテンツがなくなっていくという現象が起こってしまう。

石川　そうなんですね。そう言われてみると、目先の成果を追い過ぎてしまうのは、時代のせいなのかもしれません。先日、学会でパリに1週間くらい行ったのですが、そこで改めてなるほどと思ったことがあります。パリのど真ん中にノートルダム大聖堂がありますが、そこへ入って見ていたら、大聖堂がどうできたのかというのがイラストで順番に時系列に描いてあって、何百年間もかけて建てられたとありました。

森川　そんなにかかっているのですか。すごいですね。

石川　それを見て、自分の世代で完結するという発想がそもそもなかったのかなと思ったんです。今の人は何かを急ぎ過ぎていて、成功することが目的みたいな考えがありませんか?

森川　せっかちですからね。

石川　長く確かなものをつくりたいという欲求が、昔の人にはおそらくあった。だから何が歴史に残るのか、本当に深く追求したと思います。今はそれよりも早く大きくなることのほうが重要視されているような気がしますね。

森川　なぜなんでしょう?

石川　たぶんシリコンバレーばかり見ているからじゃないですか。先日、ＩＤＥＯというアメリカのデザインファームの共同創業者の方（トム・ケリー氏）と対談したのですが、彼は「日本人くらいだよ。シリコンバレーの、しょうもないアプリをつくっている会社をクールだなんだって言っているのは（笑）」と言っていました。

「タクシーを呼ぶアプリなんて、大したことはない。クリエイティブでも何でもない。アドビが行なった調査によると、世界の人がクリエイティブだと思っているのは、むしろ日本だよ」と言うんです。日本人だけがアメリカを見ていて、自信がないのだろうと言っていました。

森川　そうですね。僕がこの会社をつくった理由はそこにあって、日本のメディアは日本の悪いところばかり取り上げて、「ここがだめだ。もう未来がない」と言っているので、もっと日本を褒めるメディアをつくろうと思っているんです。

石川　それは面白いですね。

森川　だいたい美人が褒めるとみんな喜ぶんです。不思議なものでね。

石川　それは面白すぎますね（笑）。

森川　僕はよく、「失敗したくないんです」という相談を受けるんです。「会社を辞めて、失敗したら、どうするんですか」とか。でも失敗したほうがいいと思うんです。たとえ失敗しても、やりきることが大事です。

石川　長い人生で見ると、そうかもしれないですね。失敗がない人生は、難がないので、無難な人生にしかならない。失敗や苦しみはたくさんあったほうが、結果、意味のある人生になるんじゃないかと。そういえば、若い時に苦労している人のほうが長生きするという研究が最近出はじめています。

森川　それはどうしてでしょうか？

石川　苦労を乗り越えた経験がないと、失敗に対する耐性がつかないんだと思います。年をとると、親しい人が亡くなるし、社会的にも活躍できなくなるし、体も衰えるし、いろいろなことができなくなります。そういう制約がたくさんある中で、どう乗り越えるか。それは若い時に苦労して、そういう難を「有り難い」と思えるかどうかなんでしょうね。

森川　面白い考えですね。まさに若い時の苦労は買ってでもしろ、と。

石川　もちろん、苦労につぶされてしまっては元も子もありません。大事なのは、健全に乗り越えられる苦労や失敗をたくさん経験することなんだと思います。

第2章

「ダントツにすごい人」になれ

「ダントツにすごい人」の条件

第1章で述べてきたように、これからの時代は、「すごい人」でないと生き残っていけません。さらにいうなら、「ダントツにすごい人」でなくてはならないのです。

あらためて「ダントツにすごい人」が何かを考えてみましょう。僕が考える「ダントツにすごい人」とは、次の三つの条件を満たす人です。

1 新しい価値を生み、結果を出しつづける

2 常に成長することをやめない

3 「偉い人」にはならない

今の日本に切実に求められているのは、0から1を生み出せるような人です。すでにあるものに何かを加えていくことと、今までにない新しい価値を生み出すことはまったく別次元の話だからです。

もちろん、仕事においては0から1だけではなく、1から2にすることも10にすることも必要です。それも大事ですが、0から1のイノベーションによって新しい市場を開拓していくのが、これからの日本を元気にする一番の起爆剤になると考えています。

そして、そうした新しい価値を一つではなく、何個も生み出すことができなければなりません。

スティーブ・ジョブズのような天才は、自分が欲しいと思ったもの、自分のこだわりを商品化すれば、それがヒットに結びついてきました。

一つのアイデアや思いつきが、思わぬビッグヒットを生む可能性は、誰にでもあるでしょう。しかし、それを繰り返すのはとても難しいことです。ダントツにすごい人は、そのアイデアをいくつも出しつづけて成功させるから、他の人は到底及ばないのです。

プロの歌手も1曲ヒットさせるだけでは一発屋ですぐに姿を消してしまいますが、何曲もヒットさせて何十年も活躍している歌手もいます。プロの歌手になったからといって、すべての人がダントツにすごい人になれるわけではない。その違いは才能という一言で片づけてしまいがちですが、僕は人一倍どころか人十倍努力をしつづけているから、成功も続くのではないかと考えています。

人間は楽をしたがるものですから、ずっと努力をすることほど難しいことはありません。単に長く続けているだけでは成長することはできないからです。あえてつらい道を選び、自分を成長させる環境に身を置きつづけることができるかできないかが重要です。

結果を出せば、会社の中での地位は上がるでしょう。しかし、すごい成果を出しても、そこで得た地位に安住してしまっては、「ダントツにすごい人」にはなれません。どんなに年齢を重ね、いいポジションについても、自分のやるべきことを愚直に追いつづけることが「ダントツ」になる道なのです。

新しい価値を生み出すために必要な三つのこと

それでは、新しい価値を生み出せるようになるにはどうすればいいのでしょうか。それには三つの心がけが必要です。

1 「当たり前」を疑う

皆さんが日々当たり前だと思っていることの中に、実はよくよく考えてみるとおかしなことはいくらでもあるはずです。それがビジネスヒントにつながります。

今、多くの人が電車を乗り継いでどこかに出かける時、スマホで乗り換え案内を検索しています。今では当たり前のサービスですが、それができる前は、時刻表で調べるか、来た電車に乗るしかありませんでした。

乗り継ぎに失敗したり、前の車両に乗らなければならないところを後ろに乗って散々歩かされたなど、不便を感じていた人が大勢いるはずです。けれども、多くの人はそれが当たり前だと思っていました。

それを解決してくれたのが、乗り換え案内のサービスです。もちろん、技術の進歩で可能になったことではありますが、そもそももっと便利な方法はないか、と現状を疑ってみることから始まっているはずです。

このように、日々感じている不満や不便なことが改善できれば、それは大きなビジネスチャンスになります。

2　「振れ幅」を広げる

とはいえ、今の日本は非常に満足度の高い国です。いつも同じ通勤経路で、同じようなお店で食事や買い物をして……。そうした生活でもそれなりに楽しめてしまうので、世の中の不満や不便にもなかなか気づけません。

では、何が必要かといえば、行動範囲を意識的に広げて、普段とは違う視点から物事を見てみるのです。

いつもはリッチなレストランを利用している資産家が、新橋のガード下の焼き鳥屋に足を運んだら、あるいはその逆で、普段はファストフードで済ませている人が、たまに高級レストランを利用してみたら別世界でしょう。費用が違うと言ってしまえばそれまでですが、互いに足りないものが見つかるかもしれません。

そのような「振れ幅」、つまりギャップが0から1を生み出しやすいのです。

堀江貴文（ほりえたかふみ）さんはツイッターで「介護のような誰でもできる仕事はいずれロボットに置き換わる」とつぶやき、炎上していましたが、それも彼なりのイノベーションを語ったものかもしれません。

堀江さんは、以前は六本木ヒルズに住み、超がつくほどリッチな生活を送っていましたが、しばらく塀の中に入っていました。刑務所とヒルズのマンション、これほどの振れ幅はなかなかありません。

刑務所では高齢者の受刑者のお世話をする係になり、いろいろ考えることもあったのではないでしょうか。これからは「介護のない状態」をつくるのが理想で、健康寿命を延ばすためには歯周病予防やがん検診などを若いころから受けるべきだと、インタビューで介護問題について語っています。それもギャップのある生活を送ったことで実感したのでしょう。

留学したり、海外旅行に行ったりすることもこれに当てはまります。ギャップの中で気づいたことから、イノベーションの可能性が生まれるのです。

3 過去の成功例を研究する

0から1を生み出すといっても、やみくもに思いつきや感覚だけで行動をしても上手(うま)くいくものではありません。ビジネスとして成功するためには、歴史に学び、時流に乗るということも大切です。

そのためには、過去の例から考えるという視点が必要になってきます。アイデアを具現化するために、過去の成功例を参考にするのです。

LINEをプラットホーム化する時は、iモードの成功事例を参考にしました。iモードでは絵文字デコメが流行ったので、ＬＩＮＥではその代わりにスタンプを使い、ｉモードにあった、ゲーム、占い、電子書籍などを次々と導入していったのです。

流行のパターンを読み、それが時流に合っていたので、ＬＩＮＥは空前のヒットを勝ち取ることができたのだと思います。

Ｃ ＣＨＡＮＮＥＬの特徴の一つである「縦型」も時流を見て決めたことでした。スマートフォンが出てから、ゲームが変わり、音楽も変わりました。残るは映像しかないから、映像に目をつけたのです。

この時参考にしたのが「パズドラ（パズル＆ドラゴンズ）」でした。パズドラのヒットを機に、それまで横型が多かったゲームでも縦型が主流になりました。その流れから「スマホで成功するモデルは縦型」だという確信を持ったのです。

こういったイノベーションは、大きな0から1ではなくても、小さな0から1にはなると思います。

常にこうした三つの視点を持ち、思考する習慣を身につければ、新しい価値を生み出すことができるようになります。それを実現した時、ダントツにすごい人になれるのです。

結果を出すための方程式は「質×スピード」

ダントツにすごい人は、常に結果を出しています。

それはただがむしゃらに頑張っているのではなく、質と量を両立させ、さらにその二つの要素で相乗効果を生んでいるからです。

普通のすごい人は、質か量かのどちらかでしか結果を出していないように見えます。とくに完璧主義の人は、時間をかけてでも高品質のものをつくればいいと考えがちです。しかし、それはアマチュアの発想であり、ビジネスの場では戦っていけません。

プロの仕事は必ず締め切りがあり、時間との戦いになります。そこで、仕事の量ではなく、スピードに着目してみるとよいでしょう。

まずは、質とスピードを両立させ、その結果として量がついてくる感じです。

C CHANNELは動画配信サービスですから、当たり前ですが見られなければ成り立ちません。ですから、たとえば動画の再生数、すなわち延べ何回見られたかといった指標が重要になってきます。これは、まさに質と量を両立させなければ達成できません。

そこで下した判断は、まず当面は結果にはあまりこだわらず、良質なサービスを提供することに集中することでした。「質の高いものを早く出す」ことを目標に掲げたのです。

多くの場合、質とスピードの二つを両立するのは難しく、早くやろうとすると質が低下し、質を高めようとすると時間がかかります。

そこで考えるのが、「質とは何か」という問いです。何をもって質が高い、低いということが言えるのか？

実は、明確に「これ」だと定義できるものはありません。質の高さを決めるのはつくり手ではなく、ユーザーだからです。自分がどんなに質が高いと思っても、社会的に評価されなければ、それはビジネスとしては質が低いものになってしまいます。

市場調査は大事ですが、どんなに調査したところでユーザーのニーズは絶えず変わっていくものです。そこで、Ｃ ＣＨＡＮＮＥＬでは、ユーザーに一番近いクリッパーに動画を撮ってもらうことにしました。

良質な動画コンテンツを安価にかつスピーディーに制作するため、クリッパー自身にスマホのカメラを使って撮影した動画を編集してもらい、それを高い質を保ったコンテンツとして配信する仕組みを構築したのです。これならユーザーのニーズにあった質の高い動画を、どんどん配信することができます。

ユーザーが求めていることの本質を知り、それを最速のスピードで実現する。それがダントツにすごい結果を出すための条件なのです。


「質×スピード」の重要性は、どんな仕事でも当てはまります。

上司から頼まれた仕事は、納期ギリギリに仕上げるのではなく、できるかぎり早めに仕上げることをおすすめします。時間を掛けて完璧を求める人よりも、少々の不完全さなら、早めに終える人のほうが成長は早いように感じます。

納期ギリギリだと、大幅に修正が必要でも対処できないこともあります。しかし、早めに仕上げていたら、大幅に修正が必要でも余裕を持って対処できます。その修正に対応しているうちにスキルは高まっていくので、結果的に仕事が速い人のほうがクオリティも高くなるのです。そして、仕事はそういう人に集中します。

あまりにも雑な仕事は論外ですが、丁寧さが武器になるのはアーティストや職人の世界の話です。ダントツにすごい人は、効率的に結果を出す方法を常に選んでいるのです。

敵のいないところで勝つ

勝負事においては、敵の数が少ないほど、勝てる確率は高くなります。

それはビジネスでも同じです。

ＬＩＮＥの場合、すぐに儲けてしまうと他社に追従されてしまうので、最初はそれほど宣伝もせず、売上げを立てないようにしていました。他社が真似できないような規模になって初めて利益を追求したのです。その段階では他社はもう追いつけなくなっているので、勝利を収めることができました。

Ｃ ＣＨＡＮＮＥＬも競合が少ないので消耗戦にならずにすんでいます。スマホの世界で若い女性に特化したサービスは限られていますし、動画を投稿できるサービスもＹｏｕＴｕｂｅやニコニコ動画など、まだ多くありません。そういう敵のいない分野を見つけたら、誰も気づかないうちに進出する。それが成功できる条件の一つともいえます。

そもそも僕は、真正面から競争するのはリスクが高いと思っています。

一つの事業でも、３社で競争するのと１００社で競争するのとではまったく違います。

100社いたら、そのほとんどが得をしません。最後は値下げ競争、物真似合戦、引き抜き合戦になり、結局そういう事業は長続きしないものなのです。

だから、なるべく競争が起こらない環境をつくるか、競争が起こる前に突き抜けて独占するか。それがダントツにすごい人の成功パターンです。

そうはいっても、誰もやっていないような事業にチャレンジするのは勇気がいります。それが本当に成功するかどうかは、やってみないとわからないでしょう。

そもそも、ビジネスには正解などありません。

正解がないのですから、正しいものを選ぶというよりは、その時々に応じてどういうゲームで勝ちに行くか、つまり「勝ちパターン」を知っている人が成功を収めるのです。

たとえば僕なら、その市場は麻雀（マージャン）的なのかオセロ的なのかパチンコ的なのかを見て、その勝ちパターンを考えます。

もしその市場が麻雀的なら、自分一人で毎回勝とうとしてもうまくいきません。周囲の出方を見て判断する力が求められます。麻雀は4人でやるゲームで、1回につき勝てるのは4人のうち一人だけ。勝負の流れを見ながら我慢して、降りる時には降り、勝負する時は勝負をする決断が必要になるゲームです。敵が多い、つまり同業他社がすでにひしめいている市場はこのタイプになります。

オセロは1対1で戦うゲームで、勝てるのはどちらか一人のみ。相手を倒すことだけ集中して考えればいいので、比較的勝負しやすい市場かもしれません。もっとも敵が少ない市場はオセロタイプになります。

パチンコは機械を相手に一人でやるゲームで、基本的には自分でコントロールできるものではありません。まさに博打(ばくち)で、玉が出るのも出ないのも運次第。止(や)め時を考えないと、ズルズル負けつづける恐ろしさもあります。そういう市場で勝負するには、相当な覚悟と、うまくいかなかったらすぐに引く潔(いさぎよ)さも不可欠です。競争相手がものすごく多い海外の市場を開拓する時は、ある意味パチンコ的な要素も強いといえます。

どの市場がいい・悪いという話ではなく、ビジネスではどの市場でも勝負する場面が出てくるものです。

どの市場でも勝てるのは、やはり経験をたくさん積んでいる人です。勝ちパターンを知っている人は勝率も高い。それは、それだけ多くの勝負をしてきて、負ける経験もしているから、勝ちパターンを導き出せたのです。

そして、勝負事には運も関係します。

ダントツにすごい人は、運がいい人が多いように感じます。ただし、生まれつき強運だったのではなく、いい運は自分の手でつくれるものなのです。

そんなことを言うとスピリチュアルみたいですが、もう少し正確に言えば、運を運んでくるのは、人だと思います。社会にとって価値のあることをやりつづけていると、自然と人がいい出会いや勝つために必要な情報を運んできてくれます。これは、僕自身が日々実感していることです。

逆にいうと、運が悪い人は自ら悪運を招いてしまっているのでしょう。

たとえばいつも何かに批判的で斜に構えていたり、批判的な人たちに囲まれていたりすると、運は急降下していきます。

人間の意思決定は、自分で意図してやっているのではなく、その前に脳がすでに行なっているといいます。ネガティブなメッセージは、潜在的に記憶されてしまうのです。たとえ自分ではネガティブなことを考えていなくても、ネガティブな考えが蔓延（まんえん）している環境に身を置いていると、結果的に悪い方向に流されていってしまいます。

たとえば、ダメ出しばかりする上司のもとにいると、本当にダメな方向にいってしまう確率が高くなります。そうなる前に、ネガティブな環境からは抜け出して、ポジティブな環境に移るべきです。

そうすれば運がよくなり、ビジネスで成功する確率も高まるのだと思います。

失敗したことはないという考え方

僕はこれまでの自分の選択で、失敗したと思ったことはありません。

そんなことを言ったら、完全無欠の人間と思われるかもしれませんが、もちろん、普通の意味での失敗をしたことは山ほどあります。でも、必ずそれを最後までやり抜き、なぜ失敗したのかを考え抜きました。

そのように最後まで突き詰めれば、失敗は失敗ではなくなる。これが僕の信念です。

実は、動画配信で世界を目指そうと思って行動に移したのは、Ｃ ＣＨＡＮＮＥＬが初めてではありません。

日本テレビ時代に三菱商事と組んで、国際放送のプロジェクトを立ち上げたことがあります。アジア向けに巨人戦とニュースを配信したのですが、成功したのは、台湾だけでした。当時、巨人で台湾出身の呂明賜選手が活躍していたからです。

世界で成功するためには、日本人が出ている番組ではなく、いろんな国の人たちが出ている番組をつくらなくてはいけないと痛感しました。

ソニー時代にも、トヨタや東急とジョイントベンチャーをつくって動画配信ビジネスに挑戦したことがあります。この時はブロードバンド世帯数が20万世帯くらいだったため、動画配信をやるには早すぎました。

これらは結果だけを見れば失敗ですが、その時に「なぜ失敗したのか」をちゃんと考えたことがあって、今のC CHANNELにつながっています。

「あの時うまくいかなかった経験があったから、今回は成功したんだな」と思えれば、その失敗はなくなります。

ファーストリテイリングの柳井正社長が『一勝九敗』（新潮社）という本を出して話題になったように、多くの経営者は「失敗が続いても、最後に成功すればいいんだ」と口をそろえて言います。それがビジネスの真髄なのです。

ギャンブルに負けないためには、勝つまでやりつづけるか、ギャンブルを一切しないかのどちらかしかありません。

ビジネスも、ある意味ギャンブルに近い部分もあり、どちらかを選ばないと負けることになる。さらにいうなら、いかに効率よく一勝を導くかが重要です。

一昔前なら、がむしゃらにあれこれ試してみるうちに、どれかが当たる「数打ちゃ当たる方式」で通用しましたが、今は変化のスピードが速く必ずしも通用するとは限りません。そのためマーケティングや現場でユーザーのニーズを把握するのは当然ですし、国内だけではなく海外の市場も調査するのは当たり前。社内でも、「その企画は本当に今の時代に必要なのか」と徹底的に叩きます。

そうやって深く考え抜くことによって成功確率が高まります。

ダントツにすごい人はそれをわかっているので、ひらめきだけで突っ走ったりしません。周りの意見も取り入れながら、ひらめきを調整していきます。だから失敗する確率が低くなるのでしょう。

「失敗してもいいから挑戦せよ」は大間違い

人生における最大の失敗は、失敗を恐れて何も挑戦しないことです。

ただし、「失敗してもいいから挑戦せよ」というのは、間違いです。失敗を楽しむという人もいますが、僕から見ると信じられません。失敗を楽しんでいるようでは、チームや会社、ユーザーに対して失礼でしょう。

だから、僕は「失敗してもいいからやってみて」という指示の出し方はしません。自分でも、「失敗を覚悟のうえでやってみよう」と思ったことはないのです。失敗してリカバリーできないことなら、最初からやるべきではありません。

仕事は自分のためにやるわけでもなければ、会社のためにやるわけでもない。貴重な時間とお金で、商品やサービスを使ってくれるユーザーの思いに応えるためにやっているのです。

ですから、失敗を許されないのは当たり前。無責任な姿勢で仕事に向かうのはプロとして許されることではありません。

まずはその企画やアイデアが「必ず成功する」と確信できるまで、徹底して叩くことです。とはいえ、もちろんすぐにはうまくいかない可能性もあります。それを単純に失敗したと考えては意味がありません。成功に導くための検証の機会と捉えるのです。

僕の場合、企画にゴーサインを出す段階で、「うまくいかなかった時はどうするか」も想定しておきます。

社員に説明する時に、その企画がうまくいったら市場でどれぐらいのシェアを得られるか、利益はどれぐらいの見込みになるか、といった成功像を伝えるのと同時に、うまくいかないリスクも伝えるのです。

たとえば、新規事業を始めた当初は、予定どおり利益が出ないことも多い。そうした状況が長く続けば、社内の雰囲気は悪くなりかねません。

けれども、「この事業をスタートしても1年間は利益が出ないかもしれない。それでも、売上げゼロでもユーザー拡大に注力しよう」と伝えておけば、なかなか利益が出なくても持ちこたえられるでしょう。

これはリーダーに限らず、誰でも企画を提案する時は、あらゆる仮説を立てて検証をし、「うまくいったらこうなる、うまくいかなかったらこうなる」と想定しておくべきです。

負けた時の想定をする人は多くても、勝った時の想定をしない人は多いのではないでしょうか。だから、足をすくわれてしまうのです。

もちろん、リスクが現実にならないよう、あらゆる手立てを講じておかなくてはなりません。

僕の場合、あらゆるパターンを考え、紙に書き出します。

もしサービスのアクセス数が伸びないのだとしたら、どのように伸ばすのか。サービス内容を見直すか、宣伝をもっと積極的に打つか、ターゲット層を見直すか、といったあらゆる解決策を考えて書き出しておくのです。そして、アクセス数が思っているより伸びないと気づいた時点ですぐに、それらの解決策から正しい方法を順番に実行していきます。

そうすれば、大ダメージを受ける前にアクセス数を増やせるかもしれません。

もし、それらの方法をすべて実行しても改善しないなら、別の方法を考えて実行する。その繰り返しで、常に正しい選択をしていれば最終的には結果につながるのではないかと考えています。

失敗に終わってしまうのは、解決の手段が間違っていたのか、方法の順番が間違っていたのか、タイミングが悪かったのかのどれかでしょう。それも、経験するうちにどの方法をどの順番で、どのタイミングで実行するのかはだんだんと見えてきます。それが効率よく一勝を導けるようになるための法則でもあるのです。

もちろん、それだけリスクに備えておいても、うまくいかないこともあります。失敗した場合には、言い訳は必要ありません。ロジカルに考え抜いた結果の失敗であれば、必ず検証することができます。ダメな理由を分析して次の仕事につなげれば、失敗にはならないのです。

おそらく、こうした考え方がより必要になるのは、自分が上のポジションに上がって組織全体の意思決定に携わるようになった時です。

大きな企業では、明らかに赤字を出していて改善の見込みがない事業部なのに、かつての花形事業だったなど、組織の論理で廃止することができない、といったことがよくあります。それは、失敗を失敗として認めることができないという心理からくるものでしょう。

その部署で働いている人たちは、「今度の新商品で盛り返せるのではないか」「せっかく培(つちか)ってきた技術をなくすのはもったいない」などと、廃止を阻(はば)もうとします。

ダントツにすごい人なら、おそらく自分がいる事業部であっても廃止するという意思決定をするでしょう。

変えるべきであれば変えるし、変えるべきでなければ変えない。結論はそのどちらか一つであり、「変えるべきだけれども、変えない」はあり得ません。

たとえ自分で始めた事業であっても、どのように終わらせればダメージが少ないかを考えて実行するのが、ダントツにすごい人なのです。僕は、それを失敗だとは考えません。そこから逃げたのなら失敗のままで終わりますが、自分の力でクローズしたのなら、次につながる経験になりますから。

上司にダメ出しされてからが勝負

自分に仕事を任せてくれれば結果を出せるはずなのに、会社の環境がそうではないと嘆く人も多くいます。アイデアを提案しても、上司にダメ出しをされてしまう。

しかし、上司にダメ出しをされたぐらいであきらめていては、ダントツにすごい人にはなれません。そこからが勝負の始まりです。

僕が日本テレビで最初の辞表を書いた時、上司から「やりたいことをやってもいい」と言って引き止められました。「それなら」と思って最初にやったのがインターネット事業の立ち上げでした。

当時は、インターネットは儲からないしセキュリティ上の問題があるという理由で反対されましたが、やってみないとわからないと考えました。

そこで、ちょうどインターネットに興味を持ち始めた人が多かったので、社員向けにインターネットプロバイダを立ち上げたのです。社内で営業を始めて、無料で登録してもらいました。会社の承認を得られていないことを独断でやっていたので、反対意見が多く出ました。

それでも、結果的に社員の3分の1が会員になってくれました。そうです、これで「前例」ができたのです。会社も最終的にはその事業を認めてくれました。

「前例がない」「うちの会社に向いていない」という理由でアイデアを却下するのは、日本の企業の常です。そのような理由で、泣く泣くあきらめている方も多いのではないでしょうか。

しかし、僕はそこであきらめる程度のアイデアなら、それほどたいしたアイデアではなかったのでは、と思います。

アイデアを出すことと、それを実行することの間には、天と地ぐらいの開きがあります。起業をしたいとアイデアを温めていても、「資金が集まらないから」「成功するかどうかわからないから」といろいろ理由をつけてあきらめてしまう人は少なくありません。

結局のところ、どんな優れたアイデアでも、実行してみないと何の価値も生み出さないのです。


上司がダメだと言うのには、いくつかの理由があるはずです。

たとえば、この仕事を何らかの理由でやってほしくないのか、ほかにやってほしい仕事があるのか、あるいは自分に失敗してほしいと思っているのか。まずは、ダメだと言っている理由を知る必要があります。それがわかれば、解決策も考えられます。

・前例がない→前例をつくる
・他の仕事を先にやってもらいたい→他のやるべき仕事をすませる

・上層部にダメと言われる↓上層部に迷惑が掛からないやり方を探す
・自分が嫌われている↓その上司の仕事を手伝い、機嫌のいい時に提案する
・上司が仕事ができない↓異動して他の部署でアイデアを出す

このように、一個一個問題点をつぶしていけば、いずれ会社もOKを出すしかなくなります。たとえ100回ダメだと言われても、それをすべて改善すれば、101回目にはYESをもらえるのです。

上司はお客さんだと思え

もっと言えば、上司＝お客さんだと考えればいいのです。わずか数人のお客さん（＝上司）を説得できなければ、大勢いるユーザーの思いに応えることなんて到底できません。

内心、上司に対して「頭が固い」「事なかれ主義だな」と感じるかもしれませんが、感情をあらわにしても何のメリットもないのだという点は理解しておくべきでしょう。

僕も上司とぶつかった経験はありますが、問題がややこしくなるばかりで、得策ではあ

りませんでした。

ですので、僕は上司に共感する戦略に変えました。

邪魔をする上司であっても、「○○さんの仰るとおりですね、僕にはそういう視点が欠けていました」など共感すると、だんだんと距離が近くなります。共感できれば本音で話ができるようになり、意見を聞いてもらえるようになります。

また、交渉ごとは真正面からいけばいいとは限りません。

上司はとかく自分で決めたがるものなので、そこを理解します。上司に何かをお願いする時、ストレートにお願いするのではなく、僕は選択肢を用意していました。

たとえば「これ、お願いします」と言うと、「それではダメ」と却下されます。けれども、「この中から選んでください」と言われると、たいがい何か選んでもらえるのです。

「ぜひ、部長にA案かB案のどちらかを選んでほしいんです」とお願いすると、意気に感じるのか、「よっしゃ」と比較的喜んで選択してもらえました。

そうすれば、その企画は確実に前進します。一度話を通してしまえば、次は同じように進めればよいのです。後は自分らしくカスタマイズしていきます。

あるいは、上司にとって成果になるような仕事を連発して、上司に花を持たせてあげるか。そうすれば、上司も少なからずあなたに敬意を払ってくれるはずです。

　僕の場合は、そうやって自分にとって仕事がしやすい環境をつくっていました。

「うちの上司はわかってくれない」と愚痴をこぼすぐらいなら、上司をどう動かすかを考えるほうが建設的です。どんな難問にも解は必ず存在するのだと信じることが大切なのです。

成長できる人の条件

　僕がビジネスキャリアで最初に影響を受けたのは、日本テレビの直属の上司でした。希望の部署にいけなかったことで腐っていた僕に、「学生と社会人の違い」を教えてくれたのです。社会人ならその分野のプロとして雇用されているわけですから、どんな場所でも期待以上の成果を出さなければ、プロ失格だということを教えてもらいました。

　それからの僕は生まれ変わったように、精力的に仕事をこなしました。

　先に述べたように、選挙の出口調査の仕組みや視聴率の分析のシステムをつくるだけでなく、番組の企画も提案するなど、さまざまな仕事をこなしたおかげで経験値が増えていったのです。もし腐ったままだったら、今の僕はないでしょう。

今では、社会人人生の初期に好きではない仕事に取り組む経験ができて（6年間は多少長かったですが）、かえってよかったと思っています。最初から好きなことだけをやっていたら、仕事の本質を深く考えることはなかったかもしれません。

DeNAの元CEOの南場智子さんと対談した時、「成長しよう」と考えているヒマもないぐらい日々仕事に集中しているからこそ、人は成長できるのだと話していらっしゃいました。

成長は目標ではなく結果論なのです。いつでもやらなければいけない状況に追い込まれているので、「やる気」の有無も関係ありません。やる気があろうとなかろうと、プロである以上、いつでも最大のパフォーマンスを発揮するのが当然なのです。

中には、「頑張っています」アピールをする人もいますが、そういう人は成長しません。ひたすら黙って事に向かう人が成長できるのだという南場さんの意見に、僕も同意します。

ダントツにすごい人は日々成長しつづけています。

それは当たり前のようで、誰にでもできることではありません。人はどうしても楽な道を選ぶ生き物。仕事ができるようになったら、それで満足して次のチャレンジをしなくなります。

ダントツにすごい人は、絶えず次のようなことを心がけているから、成長が止まらないのだと思います。

成長するための心得① 仕事を高速でこなす

すべての仕事を、時間をかけてこなす人は、おそらくそれほど成長しません。

自慢のパスタ料理を知人につくり、おいしいと言ってもらうのはアマチュアの世界です。プロは10人、１００人に同じパスタを短時間でつくり、おいしいと言ってもらわなくてはならないのです。

仕事が遅い人は、周りの人のことを考えていません。組織で仕事をする以上、自分だけで完結する仕事はほとんどなく、その先の作業をする人が控(ひか)えています。自分の担当する仕事で時間がかかると、周りの人の時間を浪費させることを自覚していないのです。仕事が遅い人は完璧主義と言えば聞こえはいいですが、自己満足の仕事しかしていないように感じます。

今回対談した一人であるヤフー株式会社CSOの安宅和人さんも、「日本人は『巨人の星』の影響からか、結果主義ではなく、努力主義になっている。僕は社員が3日徹夜したものであっても、ノーバリューであるものはノーバリューだと平気で言ってしまう」と語っていらっしゃいました。そのとおりで、「時間をかければいいものができる」という考えは害悪でしかないと思います。

もちろん、時間をかけて取り組まなくてはならない仕事もあります。要はメリハリのつけ方が大事で、つまらない仕事ほど圧倒的なスピードでこなせばいいのです。

やりたくない仕事、つまらない仕事ほど、ついダラダラとしてしまいがちです。しかし、そういう仕事こそ締め切りを早めに設けて前倒しにすれば、重要な仕事にじっくり取り組むこともできます。

僕の場合、つまらない仕事は午前中に終わらせて、午後は楽しい仕事を探しにいき、自分でプロジェクトを立ち上げたりしていました。やることをやっていれば、上司も文句は言えません。

同じような仕事をこなしていても、自分の成長をアピールすることはできません。つまり、つまらない仕事を時間をかけてやっている限り、つまらない仕事しか任せてもらえないということです。

したがって、仕事を速くこなすのは成長の必須条件。よりハイレベルの仕事にチャレンジできるようになるには、仕事をダントツで速くこなすしかないのです。

成長するための心得② 高い目標を立てる

ダントツにすごい人になるには、高い目標を立てる必要があります。

簡単な目標は本気で頑張らなくてもすぐに達成できてしまうので、成長などできません。

たとえば、英語が苦手な人がＴＯＥＩＣ５００点を目指すのと、８００点を目指すのでは、達成までの道のりはまったく違ってくるでしょう。だから、目標設定は思いっきり背伸びしたほうがいいと思います。

僕も常に高い目標を自分に課してきました。何年後に、ゲーム事業で日本一になろう、

LINEを世界一のサービスにしようといった目標を明確に掲げてきました。C CHANNELも、世界最大のミュージックチャンネルであるMTVのような、日本発の世界的メディアを目指しています。

そうやって自らを厳しい領域に追い込んで、必死になってやり抜くというステップが成長には欠かせません。たとえ目標を達成できなかったとしても、低い目標を立てた時よりも、明らかにレベルアップしています。

成長するための心得③ 余計なものを徹底的に捨てる

僕が周囲でよく観察しているのは、ランチの時間です。

休憩の時間ですから、僕がとやかく言うことではないのですが、仕事ができる人はランチタイムの過ごし方も違います。

本当に成長する人は、自分のデスクで簡単に済ませて仕事をしますが、成長しない人は1時間、2時間ランチを食べながら、おしゃべりをしているように見えます。もちろん、そこで意味のある会話をしているのならいいのですが、昨日観たドラマの話をしているようでは成長を期待できないでしょう。

細かいことのように思えるかもしれませんが、ランチタイムの使い方を見ていると、その人が目標を達成するために時間をどのように使っているのかが見えてきます。

ですから、僕の中ではランチタイムの使い方は、成長できる人かどうかの「KPI（Key Performance Indicator／パフォーマンスを測る指標）」だと考えています。

格闘家の青木真也（あおきしんや）さんは、もともと柔道家でしたが、総合格闘家に転身し、プロレスラーとしても活躍しています。青木さんは試合で相手の腕の骨を故意に折ったり、中指を立てるなどの言動で、ヒンシュクを買うことが多いファイターです。

彼は同業者とは一緒に食事に行かないのをポリシーにしていると言います。格闘技界では練習後にみんなで食事に行き、ワイワイ語り合うのが慣習の一つですが、それをすると馴れ合いの関係が生まれてしまうと、青木さんは考えています。格闘技は先輩も後輩も関係なく、真剣勝負する場なのですから、必要以上に親しくなることはないと、距離を置いているのです。「他人とごはんを食べて馴れ合っているような人間は、一流にはなれないのではないか」と青木さんは語っています。

ダントツにすごい人は、オンとオフの切り替え方など考えずに、24時間仕事のことばかり考えています。

「ワークライフバランス」という言葉がありますが、これは雇われる生き方をしている人の発想だと思います。少なくとも起業家や組織のトップは、働き方とプライベートのバランスを取ろうと考える余裕はありません。ためらうことなく仕事を最優先させます。高度経済成長期のサラリーマンのように家庭を犠牲にするのは行きすぎですが、僕は寝ている時以外は仕事をしていたいと思ったので、起業してからスポーツクラブ通いのような趣味はすべてやめました。

時間には限りがあります。時間を有効に使おうと思ったら、やることを明確に整理して、捨てるべきものは思い切って捨てなくてはなりません。時間は、未来の成長につながる投資価値の高いものに費やすべきなのです。

常につらい道を選ぶ

成長しつづけることができない人の多くは、意識的、あるいは無意識のうちにラクな道を選んでしまっています。成長するために必要なのは、成長できる環境に身を置きつづけることです。

親しい友人に、登山家の栗城史多さんがいます。

彼は、僕の知るダントツにすごい人の一人です。

栗城さんは、大学山岳部に入部してから登山を始め、6大陸の最高峰を登り、8000m峰4座を単独・無酸素登頂。2009年からは「冒険の共有」としてのインターネット生中継登山を始めたので、ご存知の方もいるかもしれません。

世界最高峰のエベレストへは、気象条件の厳しい秋に単独・無酸素で挑戦しています。もちろん厳しい山なので、うまく登れることのほうが珍しい。彼は、自身通算4度目のエベレスト登頂で、指に深刻な凍傷を負い、右手親指以外の指をすべて切断することになりました。

しかしその翌月にはまた、エベレストに向かいたいと宣言したのです。

そんな目に遭ってもまだ登山を続けたいという彼の気持ちが、僕には信じられません。

それでも、そこまでして自分の夢をかなえたいという姿は勇気を与えてくれます。

ビジネスマンはここまで過酷な環境に置かれることはありませんが、ダントツにすごい人はいつもつらい道を選んでいます。

それは、キツイ環境にいる時ほど人は成長するからです。
緩(ゆる)やかな坂よりも急な坂を上るほうが断然キツイ。しかし、キツイ坂を上ったほうが、筋肉や足腰が鍛(きた)えられ、持久力もつきます。一方、緩やかな坂ばかりだと、だんだんメタボになっていきます。

多くのビジネスマンは、歳を重ねるにつれ、緩やかな坂を上っているのではないでしょうか。だから心もメタボになり、新しいことにチャレンジするのが億劫(おっくう)になるのです。人によっては平坦な道をただ進んでいる人もいるかもしれません。

僕自身も栗城さんにはまったく及びませんが、キツイ道を選んできました。

デジタルメディアの仕事に専念したいという思いから、日本テレビを退社し、ソニーへ転職しました。

ちょうどインターネットや衛星放送が台頭してきた時代だったので、新しい領域に挑戦しない会社にいるより積極的に挑戦していて成長できる会社で仕事をしたいと思ったのです。テレビ局は、番組をつくるのが好きなクリエイター集団ではありましたが、新しい挑戦をすることに積極的ではありませんでした。

そのころの僕は、結果を出して周囲からも一目置かれていたので、日本テレビに残っていれば楽に仕事もできたし、出世していたかもしれません。しかし、このままテレビ局にいても自分がやりたいことはできないだろうと判断しました。

ソニーへ行ってからの僕は、毎日一つ事業計画を上司に提出していました。しかし、3カ月間毎日ダメ出しの連続。それも「この企画はねえ……」と言葉を濁すだけで、明確な理由を言ってくれませんでした。

そんな上司と馬が合うはずもなく、ケンカをしてから勝手に新しい部署に席をつくって、新しい仕事を始めてしまったのです。

もちろん、社内的には問題になりましたが、成果が出て結果的に黙認されました。

その後ジョイントベンチャーとしてスタートし、当時の僕は営業の責任者でもあったので、毎朝、日経新聞をチェックし、景気のよさそうな会社に電話をして、そのまま営業に行くという生活を毎日繰り返していました。だいたい夜中の11時から営業会議をして朝まで仕事をするという毎日です。

結局、ソニーへ行ってからの3年間は1日20時間働いていました。そうこうするうちに、最初10人くらいだったその会社は150人ぐらいにまで増え、会社として成長したのです。

僕が、なぜわざわざきつい目標にチャレンジするのか。

理由の一つは、使命感です。壁があるということは、それだけ世の中が自分に期待しているということ。期待されている以上、それに応えなければいけないという使命感がわいてきます。

壁の高さは期待感の裏返しですから、そういう機会が与えられたことに僕は感謝するようにしています。誰からも期待されなければ、そもそも高い壁など生まれませんから。

ビジネスに勉強は役立つか

ダントツにすごい人は勉強にも熱心です。

朝から晩まで働いているのに読書家だったり、気になる人がいたら積極的に会いに行ったり、インプットするための時間を惜しみません。

たとえば、私の知人の為末大さんも相当な読書家です。

為末さんは、２０００年のシドニーから3大会連続でオリンピックに出場した、４００

mハードルの日本記録保持者です。2012年の現役引退後は、指導者、スポーツ解説者など幅広い分野で活躍されています。

為末さんは、ご自身でも多数の著書を出していますが、ブックマスターともいえる読書家で、ノンフィクションや哲学書、学術書などを大量に読みこなしています。自身の専門領域のみならず、『インベストメントハードラー』（講談社）という株式投資の本も出している珍しいアスリートです。

為末さんのように、専門領域でなくても、勉強でインプットしたことをアウトプットできたらベストです。これは想像以上に難しいことで、インプットとアウトプットはそのバランスが大切になります。

たとえるなら、野球の試合に出ることと、素振りを1万回することの違いといってもいいでしょう。

もちろん素振りはバッティングの基本なので大切なことではありますが、試合に出ないで素振りだけをしていても実践では役立ちません。

物事の価値を測る公式は、「Value（価値）＝Output（成果）／Input（リソース）」で示されます。

インプットばかりをしていると、分母だけが大きくなり、価値は高まりません。価値を高めるには、アウトプットを増やせばいいのですが、インプットがなければアウトプットは増えないので、やはり価値を高めることはできません。

つまりこの式からもバランスが重要だということがわかります。

為末さんのようにダントツにすごい人は、最大価値を生み出せる、つまり効率的にインプットし、それを上回るアウトプットができます。

意識の高いビジネスパーソンなら、セミナーに行ったり、本をたくさん読んだりしていますが、学んだ気になって何も活かされないケースも多い。ダントツにすごい人は、インプットしたものをしっかり価値に結びつけているのです。

僕は、システム開発の仕事をしていた日本テレビ時代、経営にも興味を持ち始めました。事業計画の仕事でキャリアパスをつくるためには、会社にアピールできるものが必要だと考えたからです。

そこで、働きながら青山学院大学のＭＢＡコース（専門職大学院国際マネジメント研究科）に通うことにしました。授業のある日は夕方にいったん仕事を中断して学校へ行き、授業終了後、再び会社へ戻って仕事というスケジュールです。

とくに印象に残った授業は、ケース（実例）を使った戦略論の授業でした。さまざまな企業から参加している人たちを相手に自分の意見を述べ、議論を戦わせながら新しいことを学んでいくのは最高に刺激的でした。

ただ、ビジネススクールで学んだことが具体的な形ですぐに役に立ったかといえば、残念ながらそうではありません。当時のテレビ局は、MBAとは程遠い世界。誰もそんなことに関心はありませんでしたし、たしかに学ぶことと、それを実際のビジネスで使うことは別物だからです。

とはいえ、ビジネススクールでは、いろいろな会社の人たちと擬似的に「戦う」ことができました。そこで結果を出したことで自分に自信を持てるようになり、独立してもやっていけるかな、と思い始めました。それが後の起業につながりました。

ビジネススクールに通うビジネスパーソンは大勢います。けれども、たいていはMBAを取得するのが目的で、そこで学んだことは活かされません。

僕には明確な目的意識があり、このままではダメだという危機感を常に持っていたことが、実際に役立てることができた大きな要素だと思います。

ダントツにすごい人は成功を捨てつづける

一度成功すると、多くの人はそこに安住したくなります。もし、そこから離れて新しいことをしたら失敗してしまうかもしれない。その恐怖があるからです。

けれども、「ダントツにすごい人」たちは、成功を捨てて、新たな挑戦と成功を求めつづけます。

本書で対談した林要さんは、ソフトバンクのペッパー君の生みの親です。

ただし、ずっとソフトバンクにいたわけではなく、前職はトヨタのエンジニア。高級車セルシオの設計に始まり、スーパーカー「レクサスＬＦＡ」のプロジェクトに加わるなど、実績を残してきた方です。その後も、トヨタが２００２年から参戦していたＦ１の開発スタッフに抜擢(ばってき)されるなど活躍の場を広げ、スピード出世も果たしています。

ところが彼は、「何か新しいことをやりたい」という理由でトヨタを去ったのです。自分の夢であるロボット開発をするために、過去の成功を捨てて、ソフトバンクに移籍します。

しかし、開発リーダーとして飛び込んだ場所で待ち受けていたのは、あまりに厳しい現実でした。壮大な孫正義（そんまさよし）社長のビジョンとは裏腹に、試作機は簡単に倒れてしまうお粗末なものだったからです。その後も開発は難航し、孫社長の怒りを爆発させることにもなりました。

林さんはロボットの表現方法を学ぶために演劇のレッスンにも通い、研究したそうです。それが今のペッパー君のキャラクター、外見、声などに反映され、人とコミュニケーションするロボットが見事完成しました。ペッパー君は2015年6月に一般発売され、7カ月連続で毎月1000台が完売という人気ぶりでした。

それほどの成功を収めたにもかかわらず、またしても林さんはその成功を捨て、ソフトバンクを去りました。林さんの次なる挑戦は、自分のつくりたいロボットをつくること。そのために会社を立ち上げ、開発に没頭する日々を送っていらっしゃいます。

成功というのは幸せの終わりであり、不幸の始まりだと、僕は考えています。

成功が大きければ大きいほどユーザーの期待値が高くなるので、それをさらに上回るいいものをつくらなければ受け入れてもらえません。昨日と同じものでは満足してもらえないという点で、非常に厳しい環境に置かれることになるのです。

映画監督も、大ヒットした次の作品の出来が前回と同程度だと、「失速した」「終わった」などと、散々な批判をされます。一度成功したら、より優れたものをつくらないと納得してもらえません。そのため、過去の自分の栄光との戦いになるのです。

それは不幸の始まりです。そういう意味では、成功を目指して夢を追いかけている時が一番楽しいのかもしれません。

成功するたびにそれを捨て、さらなる高みを目指すのは、正直しんどい道です。その道を選んでいるのが、ダントツにすごい人なのです。

僕も転職するたびにそれまでの成功を捨ててきました。LINEを後進に譲ったのは、うまくいってちやほやされている時は、人はまったく成長しないと思ったからです。

成功した企業には、ダントツにすごい人が集まってきます。周りにいるのが優秀な人ばかりで、何でもやってくれるようになると、怠惰(たいだ)になって自分の能力が下がる可能性もあります。それも危機感を抱いた理由の一つでした。

僕は、自分の人生の「ラク」と「つらい」をいかにマネージするかが重要だと考えています。ラクばかりしていても成長しない、だから成功を捨てることに躊躇（ちゅうちょ）がないのです。過去に大きな成功を収めたとしても、その成功体験にすがっている人は魅力的ではありません。「過去の人」に見えてしまうからです。

そうした「過去の人」にならないためには、チャレンジしつづけるしかないのです。

いくつになっても変化を恐れずにいられるか

生き残るのは強い者でも賢い者でもなく、変化できる者である。

これは「進化論」で有名なダーウィンの言葉とされています。その言葉のとおり、今の時代も生き残るには柔軟性が何より重要です。

ダントツにすごい人は、常に世の中から求められていることに対して柔軟に応えながら、さらにその価値を高めていっています。

僕のかつての上司、ハンゲームジャパンの社長は、方針をコロコロ変え、しかも変更した理由をきちんと説明しない人でした。金曜日に言われたことが、翌週の月曜日には変わっているというのもザラでした。

最初は振り回されていることに腹も立ちましたが、次第にユーザーにとって常にいいものを提供したいと考えているから方針が変わるのだと理解したのです。

変われる勇気こそ、今の時代に不可欠です。

朝令暮改(ちょうれいぼかい)はやってはいけない、周りの人に迷惑がかかるとよく言われます。しかし、これだけ世の中の変化のスピードが速いと、走りながら考えないと間に合いません。熟考していては取り残されてしまうのです。したがって、走り出してから「やっぱりこの道に行こう」と路線変更することもあり得ます。

普通は、「部下にやり直してもらうのは悪いな」「すでにコストもかかっているし」となかなか路線変更には踏み切れないものです。言っていることに一貫性がないと、部下からの信頼が得られなくなる恐れもあります。

それでも、そこで朝令暮改をできるのがダントツにすごい人。

そのままやりつづけても未来のないことに時間を費やしているほうが、結果的に周りの人を不幸にしてしまいます。朝令暮改は、早ければ早いほど周りの人のダメージも少なくなるのです。

日本人は人の顔色を窺って、なかなか行動に踏み切れない傾向があります。

サッカーでいうなら、真面目で練習熱心なのに、いざとなるとシュートが打てない。自分では決める勇気がないのか、ゴールを目の前にしてパスを選択してしまうのです。

とくに人は年齢を重ねるとどうしても保守的になってしまいます。

「今の若者は打たれ弱い」と言われていますが、実は批判に弱いのは40代以上のベテランの人たちです。この世代が0から1のような新しいことを始めようとすることはほとんどありません。それはしがらみが生まれて、周囲の顔色を窺ってしまうから。もしくは、「失敗をしたら恥ずかしい」という思いもあるのでしょう。

そうならないためには、若いころから批判を恐れずに物事に取り組むしかありません。空気を読むのではなく、「空気を読んでも無視する力」を身につけなくてはならないのです。

大企業にいた時、ある先輩に言われてショックを受けた言葉があります。

その時、「森川君、賢さって何か知ってる?」と聞かれました。

僕は、自分の力で何かを生み出していくことだと答えたのですが、「楽して儲けることだよ」とその先輩は言ったのです。仕事をしなくてもお金が入ってくるのだから、会社で全力で仕事をするのは賢くない、と言うのです。

その瞬間、「おかしい」と感じました。

もし皆さんの先輩が、明らかに仕事ができない先輩なら、媚(こ)びる必要なんてありません。むしろ、わざと嫌われるほうが得策ともいえます。

僕も20代、30代のころは、上司に対して「なんでこんなことをやる必要があるんですか」などと平気で言っていました。嫌われれば、上司にとっては邪魔な存在になるから異動できる、そんなふうに考えたのです。その結果、仕事を干されたこともありましたが、それぐらいでへこたれませんでした。

それから自分で勝手に他の部署に売り込みをかけて、その部署で仕事を全力でやっていました。そこで成果を上げて、人事に相談して異動させてもらったのです。

そういった経験から、批判を恐れるより、堂々と自分が信じることを貫(つらぬ)こうと考えるようになりました。

後悔先に立たずと言いますが、後になれば何も行動を起こさなかった後悔など何の役にも立ちません。

周りに批判されたからと言って、一度やらない癖をつけてしまうと、「どうせダメだ」

と思い込み、何もやらずに一生を終えることになります。僕にとっては、それが一番の恐怖です。

変化をしながら生きていくのは勇気がいりますが、それをできるようにならないと、永遠にダントツにすごい人にはなれないのです。

「すごい人」と「偉い人」の違い

本来ならば、会社の中では「すごい人」が決定権を持ち、上の地位についていかなければならないはずですが、多くの日本企業ではそうではありませんでした。

一般的に「偉い人」とは、いわゆる肩書や地位、学歴が高い人です。日本では肩書や地位を重視する傾向があるので、「偉い人はすごい人だ」と思い込む風潮があります。しかし、僕は多くの「偉い人」と出会ってきて、肩書や地位と能力は必ずしも比例しないことを実感してきました。もちろん、中には両方を兼ね備えている方も大勢います。

ただ、「偉い人」は弊害にもなりやすい。現状を変えること、チャレンジして失敗することを一番恐れているのが彼らだからです。

「偉い人」は自分の地位や立場を守るために、大きな決断をほとんど下しません。目の前に解決すべき問題が転がっていても、いろいろ理由をつけて先送りします。自分が責任を取らされるのが嫌だからです。

したがって、会議に「偉い人」が入ると無難な企画を選びたがり、若手の企画はことごとく否定されたりします。だから僕は、ＬＩＮＥでは「偉い人」になりませんでした。「偉い人」の言いなりになっていたら、組織はあっという間に低迷するからです。

一方、偉くてもダントツにすごい人は、会社での地位や肩書にはまったく興味がありません。今の地位をあっさり捨てて、自分のやりたいことを始められるのです。それは起業に限らず、ＮＰＯ法人を立ち上げるなどの社会貢献に邁進（まいしん）する方もいます。

ダントツにすごい人は新しい価値を生み出すのが自分の使命だと考えているので、無難な企画を選ぶなどもってのほか。リスクを負ってでも、新しいことにチャレンジしつづけます。

また、世の中にインパクトを与えるためには、自分と考えが異なる人の意見にも積極的に耳を傾けます。

これからの時代、どちらのタイプが生き残っていけるのかは言うまでもありません。

いずれ多くの企業で役職は廃止され、社長以外はすべて同じ立場になると考えています。

グローバル化が進むにつれ、これまでの年功序列はまったく通用しなくなります。職場には外国人もいれば、ヘッドハンティングで引き抜かれた中途社員も大勢いる。今後は、ある一プロジェクトのためだけに最強のメンバーが集結し、終われば解散するような働き方もありうるでしょう。そうなれば、出世競争などは意味をなさなくなります。

経営コンサルタントの大前研一(おおまえけんいち)さんによると、自分のいる会社を変えようと社内起業家を目指す人は少なくないそうです。しかし、会社の上層部、つまり「偉い人」を説得して社内で新規事業を興すのは難しいので、結局独立する道を選ぶ人が多いといいます。

たしかに、「偉い人」が辞めるまでやりたいことができないのだとしたら、それを待っている年月がもったいない。優秀な人が一生懸命働いて、管理職になってようやくやりたいことができると思ったら、もう定年が目の前。それでは、セミの一生みたいで切なくないでしょうか?

私自身、大きな会社にいた時代に、これはおじさんになるまでやりたいことをできるような権限を持つことは難しいなと感じたのが、転職を選んだ理由の一つです。

社長にはなっても「偉い人」にはならない

映画や舞台の名監督には、「変わり者」と言われる人が多いようです。

名監督に必要なのは、性格のよさやうまく立ち回る力などではありません。故黒澤明(くろさわあきら)監督が馬にまで演技を求めたエピソードは有名ですが、『赤ひげ』では診察室の薬箪笥(たんす)の引き出しを開けるシーンはないのに、中に薬を入れていたそうです。小道具が「中は見えないから」と何も入れていなかったのを知った時、黒澤監督は激怒しました。映像には映らなくても、本来入っていなければならない薬箪笥に薬が入っていないと、リアリズムに欠けるというのが黒澤監督の考え方なのです。

映画監督になった時点で「すごい人」ではありますが、黒澤監督のように「ダントツにすごい人」は、すごい人さえついてこられないレベルのことにこだわりつづけるのです。

世の中でイノベーションを起こすのも、変わった人です。

大切なのは、会社組織に受け入れられることではなく、世の中に受け入れられるかどうか。周りの人が「そこまでしなくても」「予算的に厳しい」と難色を示しても、それを振り切って実現する強さをダントツにすごい人は持っています。

「偉い人」になると、どうしても権力や権限を守りたくなるものです。そうなれば世の中の動きやユーザーのニーズが見えなくなってしまい、会社を誤った方向に導いてしまう可能性すらあります。

だから僕は、たとえ社長になっても「偉い人」になってはいけないと自戒してきました。

人は弱いので、流されやすく、染まりやすい。それまでは権力を毛嫌いしていたのに、「社長、社長」ともてはやされているうちに、あっという間に権力者に染まりきってしまう人は大勢います。そうならないようにするには、幸せと感じる一歩手前で踏みとどまるしかありません。

人は幸せだと感じた瞬間に、その環境に甘んじて現状を守ろうとします。自分がコンフォートゾーンに入りそうだと感じたら、その手前で幸せを突き放す勇気が必要です。僕自身も「このまま、この環境にいたら成長できなくなる」と危機感を抱いたら、そこを離れる決断をしてきました。

ダントツにすごい人になるには、誰よりも自分自身に厳しくなくてはなりません。それを何の気負いもなくやっているのが、突き抜けられる人なのです。

「ダントツにすごい人」が大切にすることは何か

僕自身が「すごい人」といえるかどうかはわかりませんが、少なくとも「すごい人」になりたいと思いつづけています。そうでないと、自分の周りに「すごい人」を集めることもできません。

そのために大切なのは、「お金」でもなければ、ましてや「名誉」でもありません。ただ「自分の思いに合うかどうか」だけです。

今の会社はもちろん、その他の依頼も、「日本を元気にする仕事がしたい」という思いに合うか合わないかで、受けるかどうかを判断しています。

これまで、仙台市中小企業活性化会議の委員や母校である筑波大学の客員教授、ベンチャー企業の顧問といった仕事を引き受けてきました。ベンチャーに至ってはほとんど無給、ほかの仕事も決して高給とはいえません。

人それぞれ価値観は違うので一概にはいえませんが、ダントツにすごい人はお金ではなく自分なりの価値観を大事にしている人が多いような気がします。たとえば、世界の貧しい子供たちを救いたい、日本の農業を再生したい、日本のよさを世界に発信したい、といった世の中をよくしたいという志を持っているのです。

「ダントツにすごい人」は、売上げや給料といった金銭的なものを重視するのではなく、何を成し遂げたいのかについて、強いこだわりがあります。それはおそらく世界共通です。

したがって、単なる「すごい人」をヘッドハンティングするためにはお金が必要ですが、「ダントツにすごい人」は、お金だけでは動きません。そこが最大の差です。

ダントツにすごい人は、かなえたい夢や実現したい思いのためには、一切妥協しません。そして、目標達成のためには、どんな努力も惜しまないのです。

ＬＩＮＥ時代は、僕が部下に仕事の進捗状況をたずねても、「ちょっと今は忙しいから、あとでお願いします」とスルーされたことも一度や二度ではありません。ダントツにすごい人にとっては、自分の目標を達成するためにはたとえ社長の要望であっても応えることは二の次なのです。

それでこそプロの仕事。逆に僕が何か言うことで右往左往するようでは、僕の顔色を窺いながら仕事をしていることになります。プロは経営者の顔色を窺うのではなく、ユーザーのことを第一に考えるのが当然なのです。

対談2

林 要氏

（GROOVE X株式会社代表）

大企業の中でもゼロからイチは生み出せる

はやし・かなめ

1973年愛知県生まれ。東京都立科学技術大学（現・首都大学東京）大学院修士課程修了後トヨタに入社。同社初のスーパーカー「レクサスLFA」の開発やF1の開発に参画。孫正義氏の後継者育成機関である「ソフトバンクアカデミア」への参加をきっかけに2012年、ソフトバンク入社。人型ロボット「Pepper」の開発リーダーとして活躍後、2015年9月退社。同年11月にロボット・ベンチャー「GROOVE X」を設立。著書に『ゼロイチ』（ダイヤモンド社）がある。

大企業の中で「ゼロイチ」になる難しさ

森川　林さんはトヨタではレクサスLFAやF1のレーシングカー、ソフトバンクではPepperの開発と、著書『ゼロイチ』のタイトルどおり、まさに0から1を生み出すお仕事をされてきました。大企業において新しいものを生み出すというのは、いろいろ大変ではないですか。

林　大変ですね。

森川　今大企業で働いている人とか、これから大企業で働きたいと思っている人たちが、ゼロイチのイノベーションをどうしたら実現できるのでしょうか。

林　大企業の中でやろうとすると、私は二つの面の難しさがあると思っています。その二つさえ乗り越えれば、実は誰でもゼロイチをできるはずです。

一つ目は、組織体制です。私はよく大企業を軍隊にたとえます。軍隊は銃火器のリソースが集中し、大量の兵隊や武器をそろえて強大な力を持つわけです。その力を勝手に使われたり、暴動を起こされたりしたら困るので、強い統制がとれる体制を構築しています。

大企業も同じで、資本リソースが集中している組織で、勝手な行動を起こされ、その強大なリソースを間違った形で開放されたら、多方面への影響が大きくすぐに潰れてしまう。ゆえにそうした暴発が起きないよう、統制する仕組みができているのが大企業なわけです。

イノベーションを起こしましょうというのは、軍隊組織にたとえるなら、必ずしも本隊と利害が一致しないゲリラ戦をやるのに近い。大企業で統制をとるためにつくられた組織の構成が、イノベーションに必要な土壌と、そもそも合っていないのです。

二つ目は、個人の能力です。大企業はベンチャー的な、とりあえずやってみるという文化が比較的少ないので、個人でゲリラ戦の経験が積めない。大企業では、統制から外れないために枠にはまっていたほうが、波風がたたず、リスクも少ない。それゆえに個人がベンチャー的な経験を積みにくく、結果としてゲリラ戦の能力を鍛えられないのです。

森川　おそらく多くの人は、いつのまにかぬるま湯の中の環境に慣れてしまうという感じだと思います。私が大企業で働いている人によく言うのは、出世をあきらめないと個人の成長はできない。出世を考えると、どうしても上司にノーと言えないから、ゴルフへ行ったりカラオケに行ったりしながら、自分をごまかすことになります。

林　仰るとおりです。

森川　トヨタのような安定した企業で、F1のレーシングカーのようなイノベーティブなプロジェクトを遂行(すいこう)するのは、それなりに摩擦(まさつ)もあったのではないですか。

林　F1だからといって、それに関わっている組織のすべてがイノベーティブなわけでは決してないんです。チームとしてはトップダウンで物事が決まったりするんですよね。

森川　軍隊に近いですよね。

林　そうですね。多様な人材が入って、安定的に収益を生み出すトヨタのような会社の強みは、優れた組織力です。属人性を減らして、優れた組織構造により自律的な運営を行なうと、安定して成果を出しつづけられます。しかし120点出さないと勝てないF1においては、そのような方法論では、安定して2番手集団にはいられるけど、常勝チームにはなれなかった。

他のF1の常勝チームを見ると、結局、解析で確実に性能が出る方法だけには頼らず、ギャンブルに勝ちつづけるための属人的な開発の方法論みたいな部分も重視しています。そこでは、運だけでなく、技術の相場観がモノを言う。そういう才能のあるチーフエンジニアに全権を委任できるような、いわば中小企業の天才肌の社長みたいな人が引っ張るほうが、F1は勝てる傾向にあるような気がします。

森川　実際、トヨタはどうだったのですか。

林　トヨタは、属人性を排除して組織力を重視しました。そこでやっていく従業員は二つのパターンに分かれていました。組織の方針に則（のっと）って、決められたことをきちっとこなし計画どおりの進捗に満足する人と、与えられた仕事をこなしたうえで、自分なりに新しいことをさらにやろうとする人。それは、どの組織でも同じではないでしょうか。

おそらく、一般の企業よりもはるかにイノベーティブなこととの親和性が高いのがF1チームです。それでも一般企業とは許容度が違うだけで、どちらにしても後者のタイプの人は和を乱しやすく、やり過ぎると出る杭(くい)になる。Ｆ１チームであろうとも、日本のドメスティック企業であろうとも、成果を出そうとすると結局、そのコミュニティの平均よりやり過ぎる必要があります。そして、実際にやってしまう後者のタイプの人がする苦労は、どこの組織でも似たようなものではないか。私はそんな気がしています。

27％の「ゼロイチ」の人と、73％のフォロワー

林　脳神経科学者の中野信子(なかののぶこ)先生から面白いお話を伺いました。73％くらいの日本人は比較的保守的なフォロワー気質なのに対し、27％くらいの日本人が新しい法則性を自らつくりたがるゼロイチの人である。でも、米国人はフォロワー派が５割を切るそうです。

森川　そこまで差が出るのは、なぜなのですかね。

林　中野先生は仮説として江戸時代が影響しているのではないかとお話しされていました。比較的保守的で閉鎖的な社会の中で、比較的新しい法則性をつくりたがるゼロイチ気質を誘発する遺伝子の淘汰(とうた)がゆっくり進んだ可能性がある。極めてマイルドな変化だけど、それでも２７０年程度の年月が経つと、比率が日米間の差くらいは変わるそうです。

森川　なるほど。ゼロイチの人があまりに多いと安定しませんからね。

林　体制維持には不利ですね。現在の日本は、その比率だけで見るとイノベーションにも不利です。けれども私は27％というのは、逆にいい比率ではないかと思います。

森川　たしかに、他の人は27％の人にフォロワーでついていけばいい。

林　そうです。残念ながら73％の人の「和を重視する気質」が原因で、27％を叩く構図になりがちですが、73％が27％と手を組んだら、最強な国になりうるのではないかと。

日本が力を発揮するのは、グローバル競争の最前線にいる人が正しいダイレクション（指示）をして、それを全員で団結してバックアップしている時で、それはものすごく強力なわけです。両者が叩き合わないで、うまくチームワークを組めたら、私は世界的にも競争力があがると思います。それに海外に何年か住んでいたので思うのですが、日本ほど安心して暮らせる国はないので、人がクリエイティビティを発揮するには良い環境です。

森川　そうですね、日本は安定していますからね。

林　日本は環境的に恵まれているので、あとは73％と27％が手を組めばいい。そうすると企業の中でたぶん27％は、今ほど叩かれないはずです。

森川　そういう視点で考えると、平等というものをどう捉えればいいのか。日本ではなんとなくみんな平等だと勝手に思って育ってきていますが、実は平等ではないことが明らかになって、嫉妬して叩いているのが今の状況かと思います。不平等をむしろ楽しむようになると、バランスがうまくとれるのでしょうね。

林　そうでしょうね。海外、中でも米国は多民族国家ですから、みんなが違うという前提で、違うもの同士がフェイシングする方法を小さいころから叩き込まれています。それでも乗り越えられないで、差別が顕在化する。

日本では、ほぼそこは無菌状態で育ってきているので、同じ顔かたちをしていながら性質が違う27％の人がいる時に、意外に許容範囲が狭い。少なくともその程度の寛容性を持つことは、グローバル社会での競争力確保には大事であるはずにもかかわらず、です。

森川　そうすると、今後、日本社会にはどういう人材が一番求められるのですか。

林　私は先程の73％は、ある意味で日本の価値だと思います。トヨタ自動車にいて思ったのは、ここまでちゃんと品質狂になれる、品質を追えるというのは……。

森川　職人の世界ですね。

林　そうですね。みんなが当然のように品質を追えるのは、日本の良さだと思います。

森川　地味な世界ですしね。

林　地味で、清廉(せいれん)です。ただ、73％だけでいくとイノベーションのジレンマが起きてダメだということを、みんな身をもって知ってきています。そこでいよいよ27％の出番です。27％を活かすために73％の人たちは、不安でしょうが、あまり叩かないで我慢してね、と。

そして、27％は使命を全(まっと)うするため、自分をどう鍛えるのか考えるべきです。まさに「日本を救うために出世にはこだわらない」という心意気が重要です。しょせん自分が成功するか失敗するかなんて一個体の人生の中の話なので、数十年であっという間に終わります。27％は、自分たちの後世を含めた大きな流れを考えて頑張るべきです。

また企業側の頑張り方は、二つあると思います。一つ目は、外の血の入れ方。大企業が自律的な新陳代謝だけでイノベーションを起こすのは、先にお話ししたとおり構造的に難しく、コスト高です。

ご存じのとおり、米国は大企業がイノベーションのコストを考え、シリコンバレーのようなスタートアップのエコシステム（複数の投資家や企業によって構築された、新規事業を取り巻く共通の収益環境）をつくりました。ベンチャーで新しい産業を興して、それを大企業が買収するというスキームがリーズナブルだった。

それが今のところ世界中の実験で一番うまくいっているので、日本もその方向をとるのが近道でしょう。すると、27%が大企業側で権限をもっている必要がある。なぜなら27%がつくったベンチャーを大企業が買った時に、育てられなければいけないですから。

森川　27%のベンチャーに共感できるのは、大企業の中の27%ということですね。

林　ですね。それからもう一つの企業の頑張り方は、人的資源の育て方です。たとえば、大企業を一度出た人を受け入れること。外での経験を持つ人は、貴重です。その経験を企業が吸収できるといいけれど、そういう文化がある会社はまだ限られます。一度出た人が「裏切り者」として村八分にならず、外での貴重な経験を社内に持ち帰ることは大切です。

なので、大企業の中の27%にも元気でいてもらわなければならないし、大企業から出てベンチャーを起こす人も増えなければいけないと思います。大企業を飛び出すのは、やはり相当な恐怖を感じるじゃないですか。私がトヨタで14年間勤めて辞めた時は、次にソフトバンクに行くと決まっていても、やはり怖かったです。

森川　トヨタを辞める人ってあまり聞かないですよね。

林　家業を継ぐなどのケース以外は、あまり聞かないですね。私の場合は、ものづくりの会社から、ものづくり主体ではない会社に移ったので比較的大きな環境変化ですが、それでも合理的に考えれば、そこまで恐怖を感じなくてもいいのに、やはり怖いんです。

森川　辞める時に周りからあれこれ言われたんじゃないですか。

林　珍しがられましたね。それでも、孫さんにやります、と言ってしまったので、飛び出せました。その恐怖は、日本の伝統的な企業にいる人は余計に強いかもしれません。自分の先輩が辞めていって成功していれば、みんな気軽に辞められる。そういう人たちが出て、人材の流動性が生まれることによって、ベンチャーも元気になるし、大企業も元気になります。

大企業を選んでも安定はない

森川　とはいえ大企業には、安定や給料を求めて入る人も多いです。そういう人が「ゼロイチ」をできるようにはなるのでしょうか。

林　まず、本当にゼロイチをやりたいのですか、ということだと思います。結局、何をするために大企業を選んだのかがすごく大事です。大企業じゃないと、大きい仕事ができないという理由だったらゼロイチも頑張ればいいのですけれども、安定しているからという理由で大企業を選んだ人は、別にゼロイチをやらなくていいのではないでしょうか。

森川　ときどき「部長になりたいんです」と言う人もいますが、そういうのが一番ダメですね。

林　ゼロイチには向かないでしょうね。それはまさに現代教育の落とし子だと思います。大学卒業までの間、答えのあるテストをなるべく効率よく解くという教育を受けて、失敗をしない、危ないこともしないように学んできた人にとって、大企業の部長という予測しやすく、正しいと思われるわかりやすい答えに辿りつくのは自然な流れです。

ただゼロイチをやりたいのだったら、もう少し違うものを大事にしなければいけないんです。むしろその人たちはゼロイチをやるのではなくて、自分は73%派なのだと理解したうえで、27%派をあたたかく見守る社会をつくるというのは、私はアリだと思います。

森川　楽して金儲けをしたい人は、とんがっている27%の人の邪魔をしがちですよね。

林　とくにビジネスを考える人にその傾向はあると思いますが、彼らも会社を効率的に運営するためには必要なピースで、役割を分けて協力しあえれば強いですね。

日本人において、27%派は調和を壊すリスクを持つ人たちとして疎(うと)まれることが比較的多かったから、構成比率を減らしてきた。でもその27%派を排除したら、グローバル競争での対応力がなくなり、国ごと衰退します。27%派は有事の際の命綱と言えますね。だから73%派は自らのバッシング気質を知って、それを出さないように27%派に接し、彼らが何かを変えようとして心がザワザワしても許容して、共に生きることを覚悟すべきなんです。

森川 車でいうと、27%派はエンジンみたいなものですね。エンジンをみんなで壊したら、車は動かないですからね。

林 そういうことだと思います。若い人たちが大企業を志向するのは、理由によっては全然いいと思うのです。大企業には大企業の強みがあります。でも、もし大企業を安定してるから安全だと思って入るのならば、実は本人にとっては大きなリスクを背負うということに気づいてほしい。

大卒までの二十数年間コンサバティブ（保守的）に生きたあとで、さらに会社でコンサバティブに生きることを選択したら、もはやコンサバティブな脳の神経回路しか育たないということは自明で、それが自分の人生においては、大きなリスクなのです。

森川 もうゼロイチの脳にはなれない。

林　そこは疑いようがないです。ゼロイチのワークスタイルで自らを鍛えることをやめた瞬間に、サバイバル能力を鍛えない道を選んだということを認識してほしいですね。たとえば、大企業で社会人経験を積んだほうが転職しやすいという理由で選んでも、その企業でしか得られないものを貪欲に取りに行く前提ならば、そんな打算もいいと思います。中小企業に行ってから大企業に転職するより、逆のほうが転職しやすいですからね。

とくにそういう狙いがあるわけでもなく、コンサバにコンサバを積み重ねるような生き方を選ぶのは、潜在的に非常に高いリスクを選んでいるので、むしろチャレンジャーです。ただ、そこへの想像力がないだけで、知らずにリスクをとっている人が多い気がして。

森川　コンサバにコンサバを積み重ねてきた人が、30代、40代くらいで変わることはできるものでしょうか。

林　可能ですが、時間はかかるでしょうね。なぜ年をとると時間が経つのが早くなるのか。私の持論ですが、1歳児にとって次の1年間というのは、今までの人生と同じだけの時間を積み重ねるので、長いんです。でも40歳にとって、1年の今までの人生に対する比率は小さくなります。そういう意味でいくと、40歳になってから変わろうと思ったら、20

歳の人が変わるために必要な時間の倍かかるかもしれない。その覚悟は持ったほうがいいですね。

ただ、脳の構造は極めてユニークで、変わろうと思った瞬間に変わり始めることができるんです。だから不可能ではない。ただ40歳からのチャレンジは、自分はすごく頑張って適応したと思ったことが、実は大して適応できていないということが起こる。自分が100頑張っても、実際には10くらいしか適応できないという覚悟を持ったうえでやれば、成功するでしょう。

人の仕事はＡＩに置き換わるのか

森川　今後、ＡＩとかロボットの技術が進むと、仕事のスタイルはどう変わってくると思いますか。効率的で賢くなければいけないんだけれど、人間はそもそも非効率で賢くないので、そこの矛盾が人を苦しめるかもしれないと最近思っています。

林　人工知能がどこまで進化するか次第ですが、少なくとも今の人工知能にはエピソード記憶（個人が体験した日々の出来事を物語として整理して蓄える能力）といったラーニングのシステムがなくて、それは人間特有の情報処理と言えます。その処理ができないと、まったく違う事象に対して結びつけること、いわば「ひらめく」のは難しくなります。

スティーブ・ジョブズが「コネクティング・ザ・ドット（点と点をつなぐ）」と言っているのは、人の持つ素晴らしい能力を表わしています。彼は学生時代に学んだカリグラフィー（文字を独特のタッチで描く技術）がマッキントッシュのフォントデザインに結びついたと言っていましたが、それは説明しやすい代表例に過ぎなくて、実は大小様々なありとあらゆる物事が、脳の中ではつながる可能性があると言えます。

クリエイティビティのある人の脳の中では、そういうひらめきが日常的に起きているのだと思われますが、それは実は誰にでも備わっている脳の情報処理の機能の一つです。ただ、それを鍛えてきたかどうかだけの違いなのです。

いろいろな物語を背景にした「経験のドット」をコネクトすることは、ＡＩは苦手です。しかしデータが十分にあり、物語性が少なくても統計的に答えが出せる範囲のコネクティング・ザ・ドットは、ＡＩも得意。そういう分野を見つけたら、ＡＩとロボットに任せればいいと思います。人間はそれ以外の範囲のコネクティング・ザ・ドットをすればいいのです。

森川　今まで大企業でやっていたような部分はロボットが本来やるべきだということになりますか。

林　すべてではありませんが、そういう部分もありますね。ただし大企業の仕事も、たとえば青色LEDみたいな基礎研究的なものは、人が主体、AIが補助かと思います。足の長い要素技術（製品を構成する要素）の開発はベンチャーやAIには難しくて、そこは大企業が得意なところだと思います。それに対して、大企業が苦手なのは企画です。

森川　そうですよね。

林　たぶんC CHANNELでやっているような、縦型に特化した動画サイトを、大企業でやろうとすると面倒くさいじゃないですか。

森川　そうです。みんな反対します。

林　私どもがやっているロボットも、大企業で企画を通すのは、難しいでしょう。中に入っている要素技術は大企業が開発してくれたすごいもので、私たちがしているのはそれをどううまくラッピングするのかというプロデュース業の側面もあります。しかしプロデュースを大企業でするのは社内調整コストが大きい。よって私は、要素技術の開発は大企業、それらをプロデュースするのはベンチャーでやるというのが、理想的だと思います。

森川　研究所の人が新しいものをつくると、プロデューサーを回ってプレゼンして、意気投合すると製品化していたのですけれども、きっとそういうのをベンチャーと一緒にやるといいのでしょうね。

林　ｉＰｈｏｎｅを開けると、日本製の部品ばかりという現状を見ると、やはり日本の大企業の底力はすごい。そこは今後も伸ばすべきです。ただ企画やプロデュース業は失敗がつきものですから、リスクの大きいものは外でやるというふうに組み合わせていく。また、それ以外のデータ勝負のところは、ＡＩも活用していくのがいいのではないかと思っています。

森川　なるほど。そういう意味だと、今の方向でうまく動いていけば、何か新しい答えが見つかりそうだという感じですか。

林　あとはもう教育だと思います。今の教育の方法論からの変化は必要でしょうね。森川さんも、極めて珍しいご経歴ですよね。それはおそらく狙ってそのご経歴になったのではなく、その瞬間は全力でやっているだけで、結果として現在につながっているのでしょうが、そういう人たちが今後どれだけ増えていくかということだと思います。

森川　難しいと思うのは、今の時代は豊かすぎるから、自分を追い込む必要がないんですよね。ソフトバンクの孫さんも昔苦労されていらっしゃるから、あれだけ自分を追い込んで、大成功されたのかもしれませんし。そこそこ食べられて、そこそこ金持ちの人って、すぐに満足してしまうんですよね。それはしょうがないのですけれども、超越した何かを生み出す人がどんどん減ってきているのがすごく心配です。

林　たしかに満たされて育ったために飢餓感が少ないうえに、大学を卒業するまで、失敗をしないことが正しいのだと教え込まれつづけていますからね。脳の神経回路の気持ちになってみたら、「俺、20年以上その回路を鍛えてきたのに、ここに来て突然イノベーションと言われたってわからないよ」という感じかもしれません。

イチローは人工知能からは生まれない

林　日本の大企業のエンジニアは全方位で優等生的な能力を求められます。でも尖(とが)ったエンジニアを集め、彼らをマネージメントできる特殊スキルを持つ人材も育て、セットで製造業の技術部に組み込んだら、私はまだまだ日本は伸び代(しろ)があると思います。

実際、米国西海岸のフィンテック（金融：financeと技術：technologyを組み合わせた造語）企業のエンジニアは、数学オタクみたいな人ばかりです。多様なタレントを集めてマネージメントすると、すごく伸び代がある。尖った人材の使い方が大事になると思います。

森川　そうですね。イメージ的には抽象画と具象画の違いのような感じかなと思います。フィンテックの例は抽象画ですよね。日本人は生真面目だから、あるものをそのまま描く具象画が得意だけれども、だんだん人間性を失ってしまう。ビジネスでも、教育でもそうです。言われたとおりに覚えて、それをアウトプットしなさいと繰り返し言われるから、新しいことをやったらダメなんだ、みたいに思ってしまうところがあります。

林　そうですね。

森川　林さんはよく変われましたね。大企業に入るというエリート街道を歩んでいらっしゃったのに、それをよく壊せたなというか。

林　私の場合は社内ではエリートではなかったので、それも一因だと思います。エリートは企業のビジネスで主流の部分を担当することが多い。結果として主流から外れられない傾向がありますが、実はそこから外れることがイノベーションの必要条件だったりします。

森川　企業の主流でいうなら、経営戦略部とか。

林　そういうところですよね。エンジニアでも、保守本流の絶対に外せないプロジェクトはあります。そういうところに入ってしまうと、たしかに出世しやすいのですけれども、優秀な先輩と同じような人生を歩むことになる。イノベーティブなことを求められる場面では、ど真ん中の人はイノベーションのジレンマを抱える宿命なので、期待に応えられない。代わりにど真ん中ではない人が本当は頑張らなくてはいけないのですが、日本人は生真面目なので、エリートじゃない人は自信がなかったりしますね。ホントもったいない。

私は、人間の一番の強みは思い込みではないか、なんて思います。人工知能で最新のディープラーニングなどは、過去のデータから予測される範囲のことは、かなり正確に見つけます。人間が見落としがちな穴もフォローできる。けれども過去のデータがないことの予測は難しい。人間は、そこを思い込みも含めて乗り切ってしまいます。

たとえばイチローなんて、人工知能からは生まれないと思います。若いイチローの中に賢い人工知能が入っていたら、けがのリスクを考えて自分の遺伝子の配列を西洋人と比較して、「あのポジションに行ける確率は100万分の1です」とか出してしまうわけです。

それでもやりたいと言えるのは人間特有の思い込みだし、その思い込みゆえに痛い目に遭っている人はいっぱいいるのでしょうが、たまに成功者が出る。結局、情熱的なアーティスト気質こそが人間の最大の強みなのかもしれません。

森川　ロボットは夢を語らないですからね。

林　語れないですね。そういう意味では、やはり自分のパッションを大事にするというのは、すごく重要だと思います。

脳は好きなことを見つけるのが大変

林　人間特有の「やりたいという思い込み」でいうと、最近の子たちはシビアな時代に置かれていると思います。たとえば、大人は子供に「何かやりたいことはないのか」と聞きますが、脳の認知からすると、好きなことを見つけるのって結構大変な作業なんです。

森川　そうなんですか？

林　とくに最近は、大変です。昔の子供のように、情報が少ない環境で自分の夢を思い込む分には、まだ楽なわけです。それは無知であるがゆえに、バッと思い込めばよかってくる。

森川 情報がいっぱいありますから、やる前に答えが出ているということですね。

林 答えが出ちゃうわけです。そうすると何が起きるかというと、脳の中の皮質の一部に宿る「意識」と、大脳辺縁系を中心とした「無意識」が全然違う反応をしてしまうんです。本来は、異なる反応をしている二つを調停して、はじめてやりたいことが見つかるんです。そこをマッチさせるような教育が必要なわけですね。それに対して現在は、常に意識側が勝つような教育をしてきて、無意識側を抑え込むようにしているので、やりたいことが見つからなくなってしまうんです。

森川 脳を混乱させているんですね。

林 パフォーマンスが出ている人って、無意識のやりたいことと、それから社会の要請を意識的にマッチさせているんです。やはり「自分の本能」をいかにうまく社会のニーズにマッチさせるのかを鍛えている人が強いと思うので、その調停機能は高度です。だからこそ、脳が自分のやりたいことと信じられるものを見つけるというのはすごく難しい。

森川 もしかして、今はすぐ情報が手に入ってしまうから、やりたいことをやった気になってしまっているのもあるかもしれないですね。

林　それは本当に仰るとおりですね。

森川　田舎に行って、「ハワイ行きたいですか?」と聞くと、あんなつまらないところ行きたくないよと言う。一度もハワイに行ったことがないけれども、情報が多くて、行った気になってしまっている。

林　文字やWebなどによる情報の抽象化は大きなメリットがあると同時に、潜在的なリスクがあります。私たちは抽象化した情報で容易にわかった気になるのですが、それは意識層の情報処理で、無意識層の神経細胞は必要な刺激を十分に得ていません。「頭でっかち」というのは、「意識でっかち」なんです。身体性を持った経験を通して無意識も鍛えると、ひらめきも出てくる。だけど意識でっかちになってしまうと、無意識を鍛えないままなので、肝心のひらめく能力は伸びない。抽象化した情報の洪水は、危険なんです。

森川　VR(バーチャルリアリティ)とか、ものすごく危険です。

林　結局、VR体験は人造なので、人間の創造しうる範囲内のことを抽象化した情報のうえで経験するという意味では、物事を単純化しすぎるリスクを孕(はら)みます。私たちは現実社会ではこうやって面と向かって話をしながら、相手に対して信頼感を深めていく過程で、実は嗅覚なども使います。そういう情報は、情報を抽象化する過程で消失します。当然、文字情報などをベースにした知識も必要だけれども、昔は知識が圧倒的に不足していて、無意識ばかり鍛えていたから、「本を読みましょう」だったのですけれども、今は逆に知識ばかり増えて、無意識を鍛えないという逆転現象が起きている。それゆえに、一歩踏み出せないというのは大いにあります。

森川　無意識を鍛えるにはどうすればいいんでしょうね。運動をすればいいんですか。

林　そうですね、やはり肌感覚をバカにしてはいけないと思います。VRは人をうまく騙していて、下を見た時に、崖の上に立っているような映像を見ると、すごく怖いわけです。あれを着けたまま3センチの段差を降りようとすると、表示画像は崖っぷちなので、騙されているとわかっていても降りられない人がいっぱいいます。

それがまさに意識と無意識の衝突で、意識が理解してても、無意識側が納得しないと、人間は動けない。その無意識を味方につける方法は大切ですが、私は学校などで体系的に習った記憶がないんです。

森川　そうですよね。

林　「本能のままに、やりたいことをやったらダメ人間という烙印（らくいん）を押されるからね」と言われて育ってきましたが、実は無意識は人の行動に対してかなり支配的で、意識が主導権を握っていると思ってもそうではなくて、実は「意識がコントロールしていると無意識に思わされていた」なんて状態です。だから意識と無意識の調停作業を体系的に鍛えることがむしろ必要だと思うんです。

森川　そこが人類の折り返し地点なのかもしれないですね。これ以上賢くならないほうが、むしろ幸せだという領域に達したのかもしれない。

林　少なくとも意識と無意識のバランスが悪いのは間違いないです。

森川　勉強しても遊べばいいんでしょうか？

林　そうですね。無意識を鍛えると、意識を鍛えた時の伸び代も出ると思います。

森川　たしかに螺旋（らせん）のような構造をしている。

林　螺旋ですね。たとえば、成功者たちの自伝を読んで、自分がそのとおりに生きられるかといったら、ほぼ無理じゃないですか。抽象化された情報を得ると脳はわかった気になって一瞬元気が出るのですけれども、結局、それを自分のものにするための経験の受け口がない。体を使って学ぶということに対して、どれだけ人が貪欲になるのかが、今後、現在の知識偏重状態から適切なバランスに持っていく唯一の方法だという気はします。

森川　今のこの社会において、それを言い切るのはなかなか勇気がいりますね。

「やりきり力」を持っているかが大事

森川　林さんは今独立されて、採用する立場になったと思いますが、採用する時に人のどういうところを見ていますか。

林　ベンチャーに飛び込めるかどうかというのが、すでにその人の一つのバリューです。ある程度のトラックレコード、つまり実績を残している人だけが、今弊社に来ていただいているのですが、結局、貪欲に何を吸収できるのかだと思います。大企業のベテランで難しいのは、専門の範囲がものすごくかっちりしていて、そこから半歩とか1歩出た時の抵抗感が非常に大きいんです。ベンチャーで求められるのは、もう少し何でも楽しめる……。

森川　応用力。

林　応用力みたいな、1歩も2歩も飛び出して何とかする、「やりきり力」のある人。

普通は、1時間の間にこなせる仕事が多くなるから時給が上がるのですけれども、ベンチャーではそれよりも与えられた課題に対して、自力でやろうが、他力に頼ろうが、何をしようが、とにかく解決するみたいな、「やりきり力」は結構大事かと思います。

森川　「やりきり力」があるのは、やはり失敗を恐れない人でしょうね。

林　そうですね。恐れないことは挑戦の段階で大事です。加えて失敗しそうな時にどうするのかも、結構大事だと思います。それが結果的に会社として利益だったか、利益じゃなかったかは別としても、やりきりさえすれば、周囲の信頼感は増しますので。

でも挑戦だけして、やりきらないで逃げてしまうと、その失敗が後に続かない。自分にとっても恐怖しか残らなくなるので、私は挑戦とやりきることはセットで重要だと思います。

森川　林さんご自身が、失敗した後やりきった経験はありますか。

林　『ゼロイチ』にも書いたのですが、社会人になって最初は、本当はやりたい仕事と違う仕事をやっていました。車を触りたくてしょうがなかったのに、シミュレーションの担当になって車には触れない。そのフラストレーションの中で仕事をしていたわけです。

当時、シリコングラフィックス社製のUNIX（ユニックス）というのを使っていました。学生にとっては夢のような装置ですが、残念ながら時代はもうPCベースのＬｉｎｕｘ（リナックス）に向かうことは見えている。安心だからという理由だけでＵＮＩＸを使いつづけているのはおかしい、Ｌｉｎｕｘに置き換えれば、同じ予算での処理量をすごく増やせると考えたわけです。
ところが、置き換えたとたんトラブルになった。保存していたデータが全部飛んでしまいました。なんとかそれも乗り越えることができて、結果的にはよかったね、となったんですが、それは成功か失敗かと言われると、微妙ですよね。

森川　上司からすると、面倒くさい奴？

林　そうだったかもしれません。その次の大きいチャレンジはＬＦＡというスーパーカーを担当した時でした。当時の空力開発は、クレイモデルという粘土で車の形をつくったモデルで試験する方法でした。しかし再現性がないとか、大きな変更が大変だとか制約が多い。様々な可能性を追求するうえで、それらが制約になるのはいかがなものかと。
当時、ちょうどラピッドプロトタイピング、今で言う３Ｄプリンタが出だして、ＣＡＤ（キャド）でデータを作成し、３Ｄプリンタで実物にするほうがプロセスとして普遍的だと思ったんです。それで導入したら、また苦労した。今のようにこなれた３Ｄプリンタではないので試作品が歪（ゆが）み、それのフォローが大変。人からは「新しいことなんてやるから」と言われます。

そうして、新しいことをやると精神的にもつらいし、苦労する。しかしそのあとには、自分だけその分野に詳しくなる。時代のどのくらい先端をつまむと、どのくらい苦労するかの相場観もできる。そうして切り拓いた先で、ブルーオーシャンでのポジションを築く快感を覚える。そんな経験が積み重なると、癖になります。そうなると、誰かの後をついていくことは将来が予見できてしまうため、つまらなく感じるんです。

森川　そうすると、上司との相性も大事かもしれないですね。「やりきり力」を封印されてしまう場合もありますからね。

林　すごく大事ですね。絶対に合わないタイプの上司とかいますから。私は会社に就職することを重く捉えないほうが良いと思っています。なぜかというと、個人にとって運命を左右するのは、会社の文化以上にどの上司の下につくか、だから。上司によっては潰されてしまうじゃないですか。就職先選びなんて、そのくらい軽く捉えたほうが良いと思います。

その会社にはどういう種類の上司がいるか。その偶然性に賭けるだけです。自分に合っていれば一生勤めればいいですが、もし間違った上司の部下になったら、異動とかの手段はあるでしょうけれども、解決しない時は、もうすっぱり辞めればいいんです。

自分のニーズと社会のニーズのマッチングを図る

森川　今回の本のテーマは人材なのですが、私は自分のためだけでなく社会のために働くという考えが大切だと思っています。どうしたらそのように考えられるでしょうか。

林　それがまさに脳の皮質の一部の意識と大脳辺縁系を中心とした無意識の調停作業の重要性ですね。大脳辺縁系は、道徳的に正しいこととか、他人のためとかはどうでもよく、自分のためのことに貪欲です。鳥類や哺乳類の初期の段階に発達した脳なので、他人のことを考えている余裕はないのですね。そこだけだと、単に社会性のない動物です。

それに対して、脳の皮質は社会性を考慮できる能力がある。皮質で社会の要請を感じると、それに応えたくなる。それは必ずしも自らの大脳辺縁系が感じる欲求とは一致していない。だから、その両方を満足させるものを見つけることが、意識と無意識の調停作業の大事な部分です。

それをどう頑張るのかにだけ、人の意識を集中するべきではないかと私は思うんです。

自分のやりたいことと、社会の要請とのマッチングを図ることで、人は最大の力が出せることを自ら認識して、それを見つける努力を意図的に行なうべきだと思います。

森川　みんな短期的な成果を求めすぎるのかもしれないですね。長期的にはそういう生き方じゃないと、本当は幸せになれないはずだけれども、目の前の何かおいしいケーキを食べることに集中してしまうので、太って体調を壊すというのに近いと思います。

林　認知的には「お金があっても幸せにはならないこと」は当然と言えます。本当はもっとプリミティブな欲求に分解しないといけない。そこの想像力の欠如が、いろいろ短絡的な思考を形成している気がします。

たとえば、おいしいものばかりをずっと食べていたら結構つらいはずです。なぜかというと、人は慣れるので、それ以上においしいものを探しに行かなければいけなくなる。あるレベルから食事の値段がものすごく上がるじゃないですか。一食数千円とかまでは、おいしさ上昇のコストパフォーマンスは良くて、二倍お金を出したらその分素材が良くなるので、かなりの確率でおいしくなる。しかし数万円から先の話になると素材の差が出にくくなり、好みの世界に入ってくる。すると二倍出してもおいしくなる保証がなくなります。

絶対値を捉えるセンサーを人間は持たないので、絶対値は結果的に大事ではない。人が感覚で捉えられる相対値でしか、私たちは物事を理解できない。本当においしいものを食べたいのだったら、自分のお腹を空かせるとか、お肉を半年我慢してから食べるとか、そういうほうがおいしさを感じることができるシステムと言えます。

森川　空腹は最高の調味料ですしね。

林　実は本当に半年間お肉を我慢したことがあるのですけれども、そのあとで食べる吉野家の牛丼のうまさといったらないですよ。私は結構、お肉に飽きていて何を食べても感動がなかったのですけれども、再び肉ってうまいなと思い返せた。こういうことが、実は人間の幸せには大事なんですよね。

認知の仕組みを知ると、実際にお金持ちになったことはなくても、きっとそうなっても人間は比較的簡単に飽きてしまうだろうと想像力が働くようになります。その延長で考えると、安全安心に安住する魅力は、裏を返すと耐え難い退屈さと表裏一体なんだとわかります。それならリスクがあっても、常に挑戦しているほうがきっと飽きないだろうなと。

そのように、自分を満足させるために本当に必要なものは何かを分析する視点は、自分を理解するうえで大事ではないでしょうか。そうすると、目の前のケーキをどれだけ食べたところで、自分は幸せになれないということに気づける。学校では、むしろそういうことを教育してほしいです。

森川　そうですよね。本当に大事な部分です。安定した会社に入るとか、給料がよくなるというところで思考を止めたらいけない。

林　高い給料で安定してるけど、変化と裁量が限定的な生活をする自分を想像してほしいですよね。自分がそれに飽きずにいられるならいいのですが、人は飽きるようにできている。自らが飽きるリスクを考えず、実力で稼ぎつづける自信がないからと、それを安定的に保証してくれる環境を選んだのであれば、まさに想像力が不足していると言えます。

大事なのは自分をモチベートさせられる環境に、どう身を置きつづけられるかだと思います。そういう意味では、必要な時に必要なところに行ける流動性を持ちつづけることが、何より大事だと思います。

第3章

リーダーは人材をどう育てるか

動物園ではなくサバンナを選ぶ

「すごい人」が増えるためには、個人のマインドを変えていくことも大切ですが、「すごい人」が増えるような環境を整えることも欠かせません。

僕は経営者として、会社の環境はどういう状態がベストなのだろうかとずっと考えてきました。その結果、人間というのは必ずしも管理され、安定していることが幸せなのではない。いつも何かを追いかけるような環境にいることが幸せだと気づいたのです。

動物園では、オリの中で飼育員の言われたとおりにしていれば、毎日決められた時間に餌(えさ)が与えられます。それはとても安全で楽な世界かもしれませんが、自由には生きられません。

一方、サバンナは自分で餌を捕らなければ生きていけない厳しい社会ですが、思う存分走り回ることができます。

管理する側からみたら、動物園の環境のほうが管理しやすいし、仕事もさせやすいのは言うまでもありません。しかし、僕はあえてサバンナを選びました。

サバンナのような会社をつくるために、LINEでは前述したように全社員の給料をリセットしたり、仕事を磨く人と創る人で分けたりしたのです。事業計画もつくらず、会議や仕様書、報告書などはなくして、管理的なことはほとんどしませんでした。今の会社でも、社員を管理していません。

管理をしたら、社員はみなルールに従うようになります。それだと自由な発想など生まれない。言われたことを言われたとおりにしかしない、指示待ち社員を大量生産するようなものです。

しかも、動物園型の組織だと上司の顔色を窺うイエスマンばかりが増えていきます。イエスマンをそろえたら、自分に忠実に仕事をしてくれるし、自分を批判することもないので安心ではあります。

しかし、イエスマンは自ら率先して新しいことに着手したり、現状をよりよく変えていく提案はしません。イエスマンばかりになったら、いずれ組織は衰退するでしょう。

サバンナ型の組織にすると、僕の言うことなど聞かない、野生児のような人たちばかりが集まってきます。

前職で社長になった時も、企業のビジョンやミッションを全員で共有し、社員の心を一つにするための方法を試みた経験があります。しかし、社員から「そんなことをしている時間があったら仕事をさせてほしい」という意見が多く出て、結果やめることにしました。社長の考えであっても従ってもらえなかったのです。

そういった経験を通して、全員がユーザーのことさえ考えていればバラバラな意見も最終的には一つにまとまるのだと気づき、一般的な方法論に頼ろうとしなくなりました。

野生児のような社員ばかりだと最初のころはもめごとが頻発しますが、それを解決できなければ強い競争力のある企業にはなれません。世界の企業は、基本的にはサバンナ型の組織です。日本が生き残るためにも、日本の企業もサバンナ型に変化するしかないのです。

「自分の考えることなどたいしたことない」と自覚する

僕は、「人の2、3歩先を行く」を合言葉に、常に時代を先取りしようとしてきました。しかし、それがいつもうまくいくとは限りません。

LINEの前身であるハンゲームの社長だった時、原宿に無料カフェをオープンしました。ハンゲームの知名度を高めるために、ドリンクを飲みながら、ハンゲームで開発したゲームで遊んでもらうというコンセプトで、建築家の迫慶一郎（さこけいいちろう）氏に店舗の設計を担当してもらうなど、力を入れた企画でした。

1ユーザー当たりの獲得コストから元が取れると試算したのですが、ふたを開けてみると、お客さんはほとんど来ない。高額の家賃もネックとなり、たった3カ月でお店を閉めることになった、手痛い失敗でした。

また、リアルタイムゲームというコンセプトで立ち上げたサービスもうまくいきませんでした。当時、位置と連動したゲームが流行っていたのですが、それを強化し、その日の天気や気温、場所に合わせてゲーム内部が変わるといったものでした。

僕の中では、「これだ！」というひらめきがあったので、周囲の反対を押し切って実現させましたが、これもまったくヒットしませんでした。

この2回の失敗を通して、自分がいいと思ったことが当たるとは限らないのだと痛感しました。時代の半歩先ぐらいのものがヒットするのであり、2、3歩も先に行くと離れすぎてしまうのです。

知人から、「3回連続で失敗したら、社長を辞めなきゃいけないよ」と冗談で言われましたが、あながち冗談ともいえません。

それ以来、僕は自分で考えたアイデアを強行することはなく、現場に任せるようになったのです。


人は、立場が偉くなればなるほど自分の考えが正しいと思い込み、周りの人の意見を取り入れなくなります。

しかし、それこそ組織の硬直化の第一歩。しょせん人は一人で考えることには限界があります。リーダーが自分の考えなどたいしたことはないのだと気づき、多くの人の意見に耳を傾けないと、その組織の未来はありません。

C CHANNELは女性向けのサービスですが、創業時のメンバーは男性ばかりでした。いろいろと戦略も練ったし、技術力もあったのですが、いざプロジェクトを立ち上げてみると、「男性目線だ」と女性から厳しい指摘を受けることになったのです。

男性が感じる「かわいい」と女性が感じる「かわいい」は違うのだと、わかってはいましたがその時初めて痛感しました。男性である僕には、どう頑張っても女性の心理は理解できない。そう悟ってから、サイバーエージェントで女性向けキュレーションメディア

「by.S」の編集長を経験した山崎ひとみさんを編集長に迎えました（現在は退任）。クリッパーと呼ばれるモデルやタレントさんもほとんど女性です。現場は彼女たちに任せ、僕たちは応援する側に回りました。

変わることを恐れていては、ダントツにすごい人にはなれません。

さらにいうなら、すぐに変化できないと、これからの時代は生き残っていけません。失敗を回避することより、失敗した時にいかに早く正しい道に辿りつけるのかが、これからの勝負になるのです。

「一生懸命働いていても結果が出ない人」をどう変えるか

真面目に働いてはいるのだけれども、なかなか成果を上げられない。

そんな部下を抱えて、どう指導すればいいのか悩んでいる上司は少なくないはずです。

成果を上げられない人たちをすべて切り捨てていては、日本は元気になりません。「日本を元気にするプロジェクト」を推進する僕としては、結果を出せない人には、結果を出してもらえるようになってもらうのが一番元気になる方法ではないかと考えています。

人の元々の能力は、よほどの天才を除いては、ほとんど差がないものです。結果を出せる人とそうでない人で分かれるのは、努力の方法が間違っているのか、スキルが足りないのかのどちらかです。

そのどちらかを見極めて指導すれば、誰でも結果を出せるようになります。

僕の場合、部下に直接「結果を出せないのはなぜだと思う?」と聞いてみます。

部下が「まだ始めたばかりの仕事で慣れていない」というのならスキルが足りないのが原因ですし、「100件営業をかけているのに1件もアポを取れない」というのなら、努力の方向性が間違っていることになります。

原因がわかれば、それに合った処方箋を考えればいいだけです。

・スキルが足りない場合

スキルが足りないとわかった場合、部下の仕事の時間分析をします。

1週間、何をやったのかを1時間ごとに書き出してもらい、どんな作業にどれぐらい時間がかかっているのかを調べるのです。

すると、ルーティンワークで手一杯で、ほかの仕事にまで手が回っていないと判明することもあります。それでは、いつまでたってもルーティンワークから抜け出せないので、結果を出すこともできません。

こういう場合、ルーティンワークで時間がかかる原因が何かを考えます。単純にルーティンワークの量が多いなら、無駄な仕事の量を減らします。新入社員なら、業務のやり方がわかっていなかったり、どの人に聞けば解決できるのかという社内知識がなかったりするのかもしれません。それらは彼がいくら悩んでも無駄で、その知識を教えればすむことです。

そして、改善する前と改善した後でどう変わったのかを本人に考えてもらいます。仕事のスピードが上がったのなら、スキルアップしたという証拠。

そのように、作業にかかっている時間を細かく検証していかないことには、本当の原因を突き止められません。

「仕事が遅いから、早くして」と指導するだけでは、部下はやみくもに仕事をするだけなので、一向に改善しないでしょう。一緒に原因を突き止めるのも、改善策を考えるのも、上司の役割なのです。

・方向性が間違っている場合

入社1年目の社員に片っ端からアポイントの電話をかけさせたり、中には駅前で100枚名刺を配るように命じるような企業もまだあるようです。

しかし、今の時代にそういう根性論は無意味ではないでしょうか。

企業にとってクライアントを獲得するのが目的であるなら、どうすれば効率的に契約を取れるのかをノウハウとして確立して、社員に提供すればいいのです。それをしないでやみくもに電話をかけさせたり、名刺を配らせるだけでは企業側が社員にしなければならない責務を怠（おこた）っているようなものでしょう。

100件営業をかけても契約を取れないのなら、営業をする相手が間違っているのかもしれませんし、訪問や電話での営業自体を見直したほうがいいのかもしれません。個人の資質の問題にするのではなく、根本的な問題を改善しない限り、企業はムダに人件費を使うことになります。

結果が出ないといっても、仕事のすべてが数値化できるわけではありませんし、数値化しようとしたらかえってギスギスしてしまいます。

たとえば、まだ成果を上げられないけれども、面白いアイデアを次々に出す新入社員がいるなら、その新入社員はきちんと組織に貢献しています。そのアイデアが現実的でないなら、周りが現実的になるように導いてあげればいいのです。

部下がなかなか結果を出せないのなら、結果を出せるようにしてあげられない上司に問題があるのだと思ったほうがいいかもしれません。

バーベキュー型の組織が理想的

そもそも僕は、「教育」という言葉があまり好きではありません。

なぜなら、「教育を受ける」というように、生徒にとっては受け身の姿勢になるからです。本来、勉強は自発的にしないと身につかないものです。

新入社員が社会人生活を送るためのイロハとして、ビジネスマナーを教わるのはわかります。しかし、たとえば幹部候補生向けのリーダーシップ研修やマネージャー養成プログラムなどは必要なのでしょうか。研修を受けないと幹部に必要なスキルや思考が身につかないような人材は、そもそも幹部に値(あたい)しないのではないか、と思います。

ビジネスに必要なスキルや思考は、ビジネスの現場で自然と身につくものです。それが身についていないのなら、会社が社員を教育しすぎているのかもしれません。

仕事は与えられるものではなく、自らつくり出すもの。会社を教育する場と捉えたら、社員の主体性は育たず、指示待ち社員ばかりになります。主体性がないのは学校や家庭での教育の問題もありますが、会社も社員に「あれをしろ、これをしろ」と指示を出してばかりなのではないでしょうか。

そのうえ、命令に従わない部下を叱責ばかりしていたら、部下の主体性が育たないのは当然です。上司の命じるとおりにしか動かなくなります。

会社が成功するためには、個人のモチベーションが非常に重要です。仕事のスキルは大きな問題ではありません。モチベーションが高ければ、社員は勝手に学んでいくらでもスキルを向上させます。

言われたことしかやらない人たちだけでは、会社はなかなか成長しません。だから、社員が積極的にリードして会社をつくっていくようなスタイルが望ましいのです。

そのために僕が目指しているのは、バーベキューのような組織づくりです。

バーベキューは、役割が決まっているわけでもなければ、マニュアルがあるわけでもありません。それでも、何となく野菜を切る人、火を熾す人、肉や野菜を焼く人、テーブルを設置する人と、役割が分担されます。誰かに指示をされなくても、「みんながやっているなら、自分も何かをやらなければ」という気になるものです。

また、バーベキューでは誰がどんな役割を担ってもいい。野菜を切るのが苦手なら、肉を焼く人になれば誰も文句は言いません。要するに、皆が自然と最大限の力を発揮できる場になっているのです。

僕が目指す組織は、誰かの指示を待っているのではなく、足りない部分を社員自らが探して率先してやれるバーベキュー型の組織です。

前職でゲーム事業をしていた時は当初、僕が陣頭指揮を執っていました。しかし、トップダウンではユーザーのニーズからかけ離れたところで決定を下してしまう危険があると感じたので、チームメンバーに任せることにしました。それ以降、トップダウンで社員の目標を決めたり、業務分担をすることは少なくなりました。

プロジェクトチームの中の役割分担も流動的で、仕事を上司が与えるのではなく、部下が自分から手を挙げて取りに行くようにしていました。

そんな組織をつくれれば、リーダーがいなくても部下たちは自分で判断して行動するようになります。リーダーは自分のすべき仕事に集中できるので、バーベキュー型組織はリーダーにとっても有益なのです。

僕はむしろ、個人が会社を教育するくらいの気概があってほしいと、本音では思っています。

会社が「この研修を受けなさい」と押し付けるのではなく、社員が「この研修をやってほしい」と会社に頼むのが理想的です。もし会社がコストなどを理由に挙げて躊躇したとしても、「それだと社員のリーダーシップが育ちませんよ」と説得するぐらいの情熱があれば、会社は支援をしてくれるはずです。

強制するよりも勉強したい人を支援するほうが教育効果は高いので、教育の場を会社が用意するのではなく、勉強したい社員の資金をサポートするぐらいで充分ではないかと思います。

叱ることの意味を考える

僕はあまり怒らないタイプの子供でした。

今でも、職場ではめったに怒りません。

正確に言うと、怒っていることもありますが、口には出さずに無口になります。表情を見ればわかるので、周りも、「あ、怒ってるな」と感じているかもしれません。

ただ、上司としては仕事上どうしても叱らなくてはならない場面もあります。

怒るのは感情的に怒りをぶつけることですが、叱るのは相手を育てるのを念頭に置いて叱責することです。今でも料理人の世界では、弟子に対して「バカ野郎！」と怒鳴る人もいるようですが、これは叱るというより、怒り。相手を萎縮させても、何のメリットもありません。

もちろん、叱る際も、時には厳しい口調になることはあります。部下に嫌われたくないと、冗談めかして注意する人もいますが、僕はそれはいい方法だとは思いません。仕事で厳しさを求めるのは当たり前。そのために、多少キツイ表現になっても伝えるべきことは伝えなくてはならないのです。

叱る時にまず考えるのは、叱ることで相手にメリットがあるのかどうか。

たとえば、相手の成長につながるとか、ビジネスでのリスクが減るなどのメリットがあるなら、「仕事として」叱るべきだと思います。

ただ、多くの場合は仕事として叱る範囲を超えているのではないでしょうか。

よく遅刻する部下に「なんで遅刻するんだ！」と怒鳴ったところで、何の意味もない。上司が自分の苛立ち（いらだ）をぶつけているだけです。部下に遅刻してほしくないのなら、それによってどれぐらい不利益が生じているのかを普通に伝えればいいでしょう。それが「仕事として」叱るということになります。

叱る時は、「～しなさい」「～するのはダメ」と注意した後で、「そうすればあなたはもっとよくなる」と伝えれば、相手も素直に受け止めてくれます。

僕はＬＩＮＥの社長をしていましたが、叱る時は基本的にＬＩＮＥもメールも使いません。なぜなら、会話は残りませんが、メールは残ってしまうから。そのメールを目に留めるたびに、そのことを思い出すのは、相手もあまり気分がいいものではないでしょう。

叱っても追い詰めずに、逃げ道を用意する。これが僕のポリシーです。

時にはメールを使うこともありますが、上から目線だけは避けようと心がけています。

僕がメールで叱る時の原則は、事実を明確にすることと、「困ったな」という感じでお願いするという2点です。文章は自分ではそういうつもりではなくても、読んだ側にとってはキツく感じることもあるので、話す時以上に神経を使わなくてはなりません。

たとえば、部下が取引先に事前の連絡なしに大きな荷物を送ってしまい、先方が困っている場合を考えてみましょう。

その際、僕は部下にメールで以下のポイントを伝えます。

・何の連絡もなく、品物が送られてきて困っている↓事実を明確にする
・いつもはいい仕事をしてくれているし、行動力もある↓長所をほめる
・「事前に連絡を取る」という確認が抜けてしまったために、お客さんの期待に応えられないのは残念↓改善点を示す
・品物を一度引き上げるのか、先方と相談してほしい↓解決策を示す
・困ったらいつでも相談に乗る用意がある↓協力の姿勢を示す
・今後に期待している↓エールを送る

これらをあくまでも、問い詰めるのではなく、自然な感じの文章にするように心がけています。

怒られるのは、誰にとっても嬉しいことではありませんし、失敗すれば誰でも落ち込みます。そこに追い打ちをかけるのではなく、次につなげてあげることがリーダーの役割なのです。

部下の育て方については、「ほめて育てる」のがいいのか、「叱って育てる」のがいいのかは意見が分かれるところです。しかし、僕はそういうことを考えながら社員を育てるのは、あまり得意ではありません。

だから、率直にできていないことにはできていないと言ってしまうこともある。感情を交えずに伝えたら、相手は素直に「それならこうします」と自分で問題を解決する方法を考えます。

ただし、若い女性だけは率直に伝えるとショックを受けてしまうので、「こうなると嬉しいな」という具合に言葉を選んで諭すようにしています。

怒り方以上に、ほめ方は難しいものです。

相手のいいところを一つでもいいから見つけて、ほめてあげるのがいいと言われていますが、無理してほめる必要があるのかは疑問です。

心からほめられるのは誰でも嬉しいでしょうが、お世辞のように「すごいね」「さすが山田さん」などと言われると、相手も素直に喜べないでしょう。コーチングの影響で、やたらとほめる人もいますが、そこまでされると居心地の悪さを感じてしまいます。

だから、僕は具体的に「丁寧な仕事をしてくれてありがとう」「先方がとても助かったと喜んでいましたよ」というように、どこがいいのかを伝えるようにしています。

アメリカでは、子供のころから「お前ならやればできる！」と叱咤激励されながら育っています。だから基本は超ポジティブ。周りからほめてもらうことにも慣れています。

一方、謙遜を美徳とする日本人はそういう風土ではないので、やたらほめるのも考えものです。

ほめられて伸びるタイプなのか、叱られて伸びるタイプなのかは、結局のところ人それぞれです。叱られると萎縮してしまう人もいれば、成長できると考える人もいる。常日頃、部下のキャラクターを把握して対処しなければ、部下は潰れてしまいます。人は一律の育て方ができるものではないのだという点は、肝に銘じておくべきです。

どこを見れば、その人の能力を見極められるか

経営者としては、すごい人、それもできるなら「ダントツにすごい人」を採りたいと考えます。

ただ、経歴だけではどれだけすごい人なのかを評価するのは難しく、面接ですべてのことがわかるわけではありません。

通常、人を採用する時は学歴や経験のありなしで評価しますが、僕は一切気にしません。どんなに経験や知識があっても、それを活かして行動できなければ意味がありませんし、情熱がなければ人を動かすことはできないからです。

したがって、僕は情熱と行動力を評価の対象にしています。

採用の段階でこの二つを判断するのには限界はあるのですが、今までどのような仕事や活動にチャレンジしてきたのかを聞けば、大体はわかるのではないかと思います。

たとえば、「今までの仕事で誇れるような体験はありますか?」との質問に対し、「10年間無遅刻無欠勤で、社内で表彰されました」「与えられた厳しいノルマを達成しました」

という答え方をしているようでは、情熱や行動力は感じられません。「自分で企画したサービスを成功させるために、毎日秋葉原に足を運んで、街頭で１００人に体験してもらったことです」という答えなら、情熱や行動力があるのは明らかです。

会社から与えられた仕事をそつなくこなすタイプなのか、自分から仕事をつくり出すタイプなのかは、１時間面接をすれば大体見当がつくのではないでしょうか。

一つ目の条件である情熱が必要な理由は、何か新しいモノを生み出そうとしたら、それなりのパワーが不可欠だからです。

何としてでもやり遂げたい、いいものをつくりたいという情熱がないと、どうしても「こんなもんでいいか」と手を抜いてしまいます。それでは競合他社のサービスやプロダクトに勝つことはできません。

だから僕は「そこそこやりたい」とか「そこそこできる」という人ではなく、ナンバーワンを目指している人、それも日本ではなく世界一を目指しているような熱い思いの人に来てもらいたいのです。

また、情熱のある人は自社の商品やサービスにも情熱を傾けられます。

「会社で決められたノルマを果たさないといけないから」という理由で商品を売っている営業マンから、誰も買いたいとは思いません。自分がその商品やサービスに心底惚（ほ）れ込んでいないと、ユーザーの心をつかめないのです。

頭でっかちでロジックだけで語る人は、投資家には向いていますが、事業家やビジネスパーソンには向きません。

C CHANNELは新規事業なので、立ち上げる時にまだ実績のないサービスに投資してくれるスポンサーの協力が不可欠でした。僕自身があちこちにプレゼンしながら資金を確保したのですが、スポンサーの心を動かせたのは、僕が「日本の若者を元気にしたい」というコンセプトを熱心に語ったからではないかと思います。

もちろん収益の見込みなどのデータも必要ですが、人の心を動かすのは数字だけではなく、想いが重要なのです。

そのような情熱のある人を集めれば、どんなプロジェクトでも成功を導く可能性は高まるでしょう。

ただし、やり遂げたいという情熱だけでは、物事は前進しません。そこで二つ目の条件の行動力が必要になるのです。

行動力のない人は、どれだけ知識やスキルがあってもアウトプットにつながらない、つまり新しい価値を生み出せない傾向があります。

「足で稼ぐ」という言葉があるように、営業担当であれば、1件営業をかけるよりも10件回ると営業成績が上がる確率は高くなります。営業の内容ももちろん大切ですが、フットワークの軽さはそれを上回ります。

ITを仕事にしている僕が言うのもなんですが、考えてばかりでパソコンとにらめっこしているよりも、行動してあれこれ試行錯誤してみなければわからないことは多々あります。

たとえば、どうやったらより多く見られる動画が撮れるだろうかと悩んでいるよりも、実際にいろいろな角度から撮影する、内容を変えるなどしてみなければ、本当にいいものは撮れません。

商品を扱っているなら、図面やパソコンで作成した画像で検討するのではなく、実際に3Dプリンタで試作品をつくってもらうほうが、実物をよりイメージしやすくなります。形にしたほうが、「この大きさだと手に収まりづらいな」「ここにボタンがあると操作しづらい」などと問題点に気づけて、すぐに改善できます。最近は、24時間以内に３Ｄプリンタで試作品をつくってくれる会社もあるので、そういうサービスを利用すれば図面上であれこれ考えているより、はるかに効率的でしょう。

考えることは必要ですが、行動しながら考えなければ、変化の速い時代のスピードについていけません。

「この人はいる必要があるか」で評価する

私が考える、仕事における人材の評価基準はいたってシンプルです。

「この人はいなければいけないか、いなくてもいいか」

とてもシビアな基準ですが、突き詰めればそこに至ります。

そのうえで行動力や情熱を評価していくわけですが、自分の感覚だけで判断すると、偏ってしまう恐れがあります。

そこで、多面的かつ客観的に評価するように、３６０度評価（多面評価）を用いるようにしてきました。３６０度評価は、上司、同僚、部下など、複数の評価者によって対象者の人物像を多面的に浮き彫りにする評価手法です。

ＬＩＮＥでは、上司や同僚など5人くらいが評価するシステムでした。みんなから「この人はいなくてもいい」と思われたら、本人にもその旨（むね）を伝え、改善を求めるという形をとっていました。

ちなみに社長も例外ではなく、この方法で評価されます。

人は立場が上になるにつれ、自分は偉い、周りからも尊敬されていると思いがちです。しかし、実際はそうではなく、どれだけ上に行ったとしても、その立場の人間として必要かそうでないかで判断されるべきです。

自分が思っている以上に部下から信頼されていないこともあります。僕自身、部下から「全然成長していない」「人の気持ちがわかっていない」と評価された時は、さすがに落ち込みました。

かつての人事評価は上司が行なうのが一般的でした。しかし、立場の異なる複数の人による評価のほうが本人も真摯（しんし）に受け止めやすいなどの理由から、最近この制度を利用する企業は増えています。

ただし、この評価方法にはデメリットもあります。

悪く評価したら仕返しされるのではないか、嫌われるのではないかと危惧(きぐ)して、本音を書かない可能性があります。そういったことを恐れて、「お互い、高くつけようね」「まあ、穏便(おんびん)にやりましょう」となあなあに済ませてしまう場合もあるのです。

それでは評価の意味がありません。社員同士の仲があまりよすぎると、むしろ甘えを生む構造につながってしまいます。お互いのことを知りすぎていると、匿名で評価したとしても、本音を書いたのは誰なのかすぐにわかってしまうデメリットもあります。

それを防ぐには、日ごろから本音を言い合える企業文化をつくるのが第一です。本音を言い合っていたら、匿名で評価する必要はありませんから。

とはいえ、日本人だけの村社会ではなかなか難しいのが現状でしょう。

運動会や社員旅行など、社内イベントで本音を言い合えるような環境づくりができるのであれば、それも一つの方法かもしれません。ただし、会社はあくまでも仕事をする場であり、友人をつくる場ではないということは全員が意識すべきです。

何より、仕事の場で本音を言い合えるようにするには、上司が部下の話に耳を傾ける姿勢が必要です。たとえ部下から批判をされることがあっても、上司が受け入れられるのなら、何でも言い合える組織になります。試されるのは、上司の度量の大きさなのです。

会社の役割は、人を循環させること

会社としては優秀な人材は手放したくないものです。

しかし、終身雇用を保障できなくなった今、優秀な人材ほどいつか離れていくのだと、経営者は覚悟しておかなくてはなりません。

大事なのは、優秀な人材が抜けた時に、組織がガタガタにならないようにしておくこと。したがって、常に優秀な人材を雇えるように体制を整えておかなくてはなりません。

同時に、組織に悪影響を及ぼすような人材も、早めに芽を摘んでおく必要もある。日本の法律では社員のクビを簡単には切れないようになっているので、どんなに仕事をサボっている社員であっても排除できないのが会社にとって悩ましいところです。

それでも、しかるべき部署に移ってもらう、チームワークを乱していることを自覚してもらうなどして、少しでも働きやすい職場環境をつくることはリーダーの責務なのです。

僕は、採用に関しては、妥協してはいけないと考えています。というのも、僕には妥協して失敗した苦い経験があるからです。

以前、業績が好調で人手が足りなくなってから、慌てて社員を募集したことがありました。とりあえず目の前のことを片づけてくれる人がいればいいと、頭数をそろえるような採用の仕方をしたのです。

しかし、そうして採用した人たちは、会社の成長が鈍化した時に業績を回復させてくれるような人材ではなかったのです。情熱もさほど持っていなかったので、業績が悪くなるとすぐに辞めてしまう人もいました。

それ以来、人手が足りないという理由で採用するのをやめました。忙しくて手が回らなくなった時は、今やっている仕事をいったん中断して、皆でその仕事に集中するという方法に変えたのです。

僕の印象では、会社がうまくいっていない時に入ってきた人のほうが、長く活躍します。苦労を乗り越えてきたという成功体験があるからだと思います。

逆に、会社が好調な時に入ってきた人のほうが、悪化した時にすぐに去っていきます。お金に釣られて入った人は、お金でしかつなぎとめられないのかもしれません。

そう考えると、採用は先をみこすことが大事、タイミングが大事なのです。業績が低迷しているからといって採用をストップしてしまうと、本当に必要な人材を採るチャンスを逃してしまうことになるのかもしれません。

また、あまり成果を出せないような社員はどうすればいいのか。

前述したように、ＬＩＮＥでは「この人はいなくてもいい」という評価になったら、率直に本人に伝えていました。それから本人が仕事の仕方を変えて、成果を出せるようになったら何も問題ありません。

「今のままではいらない人材だ」と言われた社員はショックを受けますが、そこで辞めることを選ぶのも、「見返してやる」と奮起するのも本人次第です。そこで本人には何も伝えずに、畑違いの部署に異動させたり窓際に追いやったりするほうが、よほど冷酷な対応ではないかと感じます。

その人が不要だから切り捨てるのではなく、その人が幸せになるために意思決定をするチャンスをリーダーは与えなくてはなりません。やる気や実力が伴わないのに働きつづけて成果を上げられないのなら、本人にとっても組織にとっても不幸になるだけです。

そもそも、成長していく企業は人が常に循環しています。その企業に合わない人は自然と離れていき、その分優秀な人材が入ってくる。それが自然なのです。

人生の時間の使い方

人が、死を前にして本気で後悔することとは何でしょうか。

以前、ある看護師が末期患者と接する中で、患者が最期に述べた言葉をまとめた『The Top Five Regrets of the Dying』という本を紹介した記事を読んだことがあります。それによると、人が死ぬ直前に後悔するのは次の5つだそうです。

「もっと自分らしく生きればよかった」
「あんなにガムシャラに働かなくてもよかった」
「言いたいことをガマンせずに言えばよかった」
「もっと友達と連絡をとればよかった」
「もっと自分の幸せを追求すればよかった」

これらの言葉に、身につまされる方もいるのではないでしょうか。

若い方はピンと来ないかもしれませんが、僕は50歳に近くなってから残りの人生の生き方を考えるようになりました。後悔するような人生を送りたくない。そのためにも、社会に貢献できるようなことをしたいと強く思ったのです。

よく言われることですが、人はいつ死ぬのかわかりません。若い人でも、病気や事故で長く生きられない場合もあります。いつ終わりを迎えても後悔しない人生を送るためには、この5つの言葉を噛(か)みしめるべきでしょう。

いつか夢や目標を実現したい、という人は大勢います。しかし、やりたいことは、今実現するしかないのです。そのためには時間の使い方を考えなければなりません。

定年後に若いころからの夢を一念発起して実現する人もいますが、これからの時代はそれでは手遅れになってしまうでしょう。そもそも、今実現に向けて行動を起こせない人が、年を取ってリタイヤしてから行動できるとは思えません。それができる人は、若い時から行動してきた人です。

人は、緊急だけど重要ではないことに時間のほとんどを使っていて、緊急ではないけれど重要なことになかなか時間を使っていないといいます。

重要でないことばかりに時間を費やしていると、確実に後悔するでしょう。それを防ぐためにも、重要なことをするための時間を確保して、少しずつでも進めていくしかありません。

そのことの大切さを教えてくれたのは、30代はじめのころに読んだ『7つの習慣』（スティーブン・R・コヴィー著・キングベアー出版）という、僕の人生を変えた本です。

本書は人生を成功に導くための7つの習慣を紹介しています。

「主体的である」「目的を持って始める」「重要事項を優先する」「Win-Winを考える」「理解してから理解される」「相乗効果を発揮する」「刃を砥ぐ」といった習慣を身につければ、人生を変えることができると説いている一冊です。

27年前に出版され、全世界で3000万部を超える大ベストセラーになりました。

僕はこの本と出会って、時間の使い方にこだわるようになり、急ぎではないけれど大事なことについての価値観を明確にすることができました。

ただ、思うだけでは時間のムダ遣いを減らせない。そこで、時間をうまく活用するために手帳を使いました。手帳に夢や希望を書き込み、物事の優先順位を明確にするのです。

僕は、10年以上前から、2種類の手帳を活用しています。

1日に何回も手帳を開いて、かなり細かいことまで書き込みます。デイリースケジュールはもちろんのこと、会議の議事録やその日食べた食事のカロリー、購入したものなど、何でも書き込みます。

そうすることで、成功した時も失敗した時も、その結果が何に紐づいているのかが分析できるようになるのです。

参考までに、次のように使い分けています。

1　フランクリン・コヴィーの手帳

僕は、使ったお金やその日に食べたものもすべて記録して、日記のように使っています。さらに、次のようなことを書き出しています。そうしないと、目の前の緊急だけれど重要ではない仕事ばかりに注力し、夢や目標に近づくことができません。

・人生の大きな計画や目標を書き、「緊急で重要なこと」「緊急だけれども重要ではないこ

と」「緊急ではないが重要なもの」「緊急ではなく重要でもないこと」に自分の仕事や行動を振り分けていく

・1週間にやるべきことを書き出す。この時、「緊急ではないが重要なもの」もやるべきことに入れるようにすると、実行に移せるようになる

・1週間の計画や目標と実際の行動との誤差をチェックし、原因をしっかり分析し、改善していく

2　夢手帳（GMOインターネットグループ代表の熊谷正寿（くまがいまさとし）さんが考案した手帳）

これはその名のとおり、夢や目標を書き込む手帳です。

なるべく具体的に書くのが重要なポイントで、たとえば40歳までにマイホームを持つという目標を掲げるだけでは不十分です。一戸建てかマンションか、購入価格はいくらか、駅から何分か、間取りはどうかなど、よりリアルに、具体的にイメージするのです。

夢を具体的にすると計画性が求められます。そのマイホームを持つためにどのくらいの資金が必要か、何歳までにいくら貯めなければならないのかと逆算して考えていけば、今何をすべきかが見えてくるのです。

僕は、手帳は「未来に近づくための地図」だと考えています。ぜひ、皆さんも手帳を活用して夢を実現してほしいと思います。

中には、夢や目標を持っていないという人もいるかもしれません。

そういう人は、「何のために自分が生きているのか」を考えてみたらいいのではないでしょうか。

家庭を持っている人なら、家族のためという答えになるかもしれない。それならそれで、家族を最優先するために時間のやりくりを考えればいいのです。

家族というのは社会の最小単位です。その家族の中でうまくいっていなければ、会社という社会でうまくやっていくのは難しいのではないでしょうか。

家族関係が不安定だと、どうしてもそのことに気を取られてしまい、仕事に集中できなくなります。仕事に影響を与えないような強いメンタルを持っているのだとしても、疲れて家に帰った時に、誰も自分のことを気に留めてくれなかったら、空(むな)しくなるだけです。

人には心の支えが必要です。僕は休みも関係なく仕事をしていますが、娘の授業参観に参加するために時間を空けるなどのやりくりをして、家族の時間も大切にするようにしています。

それでは、家族もなく、夢もない人はどうすればいいのか。

僕が20代のころに悩みぬいたように、時間をかけて「自分はどう生きたいのか」「何をすべきか」の答えを見つけるしかありません。

それは誰にとっても永遠のテーマなので、簡単には見つからないでしょう。それでも焦(あせ)る必要はありません。多くの人と出会い、本を読み、さまざまな場所に足を運ぶうちに、見つかることもあります。

大切なのは、自分の力で夢を見つけること。ほかの人の生き方を憧(あこが)れてなぞっても、自分の人生を生きているとはいえません。それがどんなに小さな夢や目標であっても、自分で見つけたのなら胸を張って大切にしてください。

これからのリーダーに必要な力

僕の「日本を元気にするプロジェクト」は、自分一人でできることではありません。ですので、この本を読んでいる読者の方にも、ぜひ協力していただきたい。

とくに20代、30代の若者にはどんどんやりたいことにチャレンジしてもらいたいと思います。なぜなら、本書の冒頭でも述べたように、これからの日本の未来を担うのは皆さんなのですから。

政治家や官僚が考えた政策で日本が元気になるのを待っていたら、いつ実現するのかわかりません。国民の一人ひとりが元気になったら、いずれ国全体も元気になります。そのためにも、皆さんには自分の力で未来を切り開いていく力を身につけてほしいのです。

起業は、そのための大きな手段となるでしょう。日本の起業文化はまだまだ途上なので、起業家を育成する必要性を強く感じています。

僕は、日本を元気にするための課題解決や新しい産業づくりをしたいと考えているので、さまざまな起業イベントに参加しています。東京都のみならず、沖縄県、長野県、宮城県などの地域活性化のための起業イベントや琉球大学、筑波大学、東京理科大学などでも起業に関する講演を重ねてきました。

大学でのイベントといっても、起業を目指す人だけでなく、地域に暮らす中学生や高校生から社会人まで、さまざまな年齢層の人が参加することもあります。その地域ならではの問題点から、さまざまなアイデアが提起され、多くの方が自分の夢や目標に向けて前進しています。

2014年に開催された高校生、高専生を対象とした「スタートアップウィークエンド東京 U18」は、アイデアプレゼン、メンタリング、チーム発表という3日間の構成になっていますが、高校生とは思えない高い問題意識や技術力に驚かされてばかりです。

いきなり起業というとハードルが高くなりますが、ボランティアでも構いません。学生のうちから社会と関わる経験は、社会人になってから必ず役立ちます。

そのように、主体的に行動する若者が増えれば、必ず日本は元気になっていきます。


ただ、ベンチャーの経営者になれば、自分がやりたいようにできると思っている方も多いのですが、決してそんなことはありません。

経営者だから好きなことができると思って始めると、たいていは失敗します。実際には、銀行との交渉やお金の管理、取引先の開拓、社員の指導など、想像以上にさまざまな業務をこなさなくてはなりません。お金儲けや有名になりたいといった理由で起業しても、現実に直面するとあっという間に挫折（ざせつ）してしまいます。

やはり、自分の利益ばかりを考えていては、起業して一時的には成功できても、長くは続かないものです。どんな企業でも右肩上がりに成長を続けるわけではなく、必ず低迷する時期があります。経営者の力を試されるのは、業績がいい時ではなく、低迷している時。そこから軌道に乗せるために試行錯誤するのは楽しい作業ではないので、自分の利益だけが目的だと力尽きてしまいます。

社会貢献やユーザーのためにという公的な気持ちがないと、経営者はやっていられないでしょう。

それでは、これからの起業家に必要な力は何か。大きく三つ考えられますが、これは起業家に限らず、すべてのリーダーに必要なことでもあります。

・信念を持つこと

経営者にとって最も大切な力の一つは、信念です。

極論ですが、スキルが足りなければ、スキルのある人を雇えば済む話です。お金がなければ調達することもできます。

しかし、世の中を変えたい、人の役に立ちたいといった信念だけは、他に代えることができません。自分には信念がなくても、信念のある部下を連れてくればうまくいくというものではないのです。どれほど優秀な参謀がいても、社長の意志がぐらつくようでは、重要な意思決定ができなくなります。それでは企業として成り立ちません。

もちろん、信念だけでもうまくいくわけではありませんが、信念のある人のもとにはダントツにすごい人が集まってきやすいので、組織として機能する可能性は高くなります。

・継続性

皆さんはマシュマロテストの話をご存じでしょうか。

4歳の子供の目の前にマシュマロを一つ置いて「私はこれから席を外すけれど、15分食べるのを我慢できたら、もう一つあげますよ」と言い渡し、子供を残して部屋から出る、というアメリカの研究です。

約3分の2の子供は我慢できずにマシュマロを食べてしまいましたが、3分の1の子供は我慢しました。その後も十数年継続して調査を続けた結果、我慢した3分の1の子供は優秀な人が多いことがわかりました。

勉強にしろスポーツにしろ、自制心のある人ほど伸びやすいということでしょう。自制心がないと、ちょっとつらいことがあるとすぐに投げ出してしまいます。

我慢できる力、ある種の精神力も能力の一つなのです。

マイクロソフト社の創業者のビル・ゲイツ氏も、成功するには継続することが大切だということを伝えています。

氏が高校生に語ったとされる「人生で大切な11のルール」の中で、「すぐに成功することはない」「人生はマラソンのように走りつづけるもの。夏休みはない」と、継続する重要性を説いています。

実際にビジネスをやってみると、うまくいくことよりいかないことのほうが多いと言っても過言ではありません。

競合他社が急に安い価格で仕掛けてきた、ＣＴＯ（最高技術責任者）が突然辞めると言い出した、資金繰りがうまくいかなくなったなど、日々何かしらのトラブルが起こっています。そこで耐えることができなければ、会社を維持することはできません。

信念がなければ揺らぎが生じてしまうし、信念があっても、そこでこらえるだけの我慢強さ、継続する精神力がなければ、会社経営は続けられないのです。

・ロジックと感性

前述したように、僕は前職で社長になってから自ら立ち上げた企画で失敗しました。その時、僕の感性はあてにはならないのだから、人の感性を信じるしかないという結論に達したのです。

「これからこれが流行るに違いない」という感性は敏感であるべきですが、経営者としては感性だけに頼るのは非常にリスキーです。

それを補うもう一つの柱がロジック。「これはいけそうだ」というのが感性の部分で、「なぜそれがいいのかという理由づけ」の部分がロジックです。

経営者というものは、もしA案、B案、C案の三つがあって、その中から選択しなければならないとしたら、いかにそこに納得できる理由があるかどうか、つまりロジックの部分で判断しなければならないと思います。

人の直感ほどあてにならないものはありません。そのためにも、感性とロジックはどちらか一つではダメで、両方を併せ持っていなければならないのです。

経営者というのは、成功の確率をいかに高められるか、いかに確率の高いところでゴーサインが出せるかという判断力が求められるのです。

少なくともこれら三つの力があれば、起業家としてもリーダーとしてもやっていけるのではないでしょうか。

成功には近道はなく、「これをやったら成功する」という方法論もありません。それでも自らの力で道を切り開けるのだとわかった時、自分の人生を歩んでいるのだという実感がわいてくるでしょう。一人ひとりが自分に誇りを持てるようになれば、きっと日本全体が元気になり、世界でも突出した国になるのではないかと、僕は信じています。

対談3

安宅和人氏（ヤフー株式会社CSO）

1日1%の成長をすれば、1年で40倍になる

あたか・かずと
1968年富山県生まれ。東京大学大学院生物化学専攻にて修士号取得後、マッキンゼー・アンド・カンパニーに入社。4年半の勤務後、イェール大学・脳神経科学プログラムで学位（Ph.D.）取得。2001年末に帰国し、マッキンゼーに復帰。ブランド立て直し、商品・事業開発に関わる。2008年よりヤフー株式会社に移り、現在はチーフストラテジーオフィサー（CSO）として広範な経営課題の解決・提携案件の推進などに関わる。著書に『イシューからはじめよ』（英治出版）がある。

1年で1600倍の成長の差が生まれる

森川　安宅さんの『イシューからはじめよ』（英治出版）を拝読して、非常に近い考え方をする人だなと思いました。

安宅　内容的にも、森川さんの『シンプルに考える』（ダイヤモンド社）と似ています。私も森川さんの本を読んで、深くうなずきました。

森川　安宅さんは、「しょせん人間はたいしたことないんだ」という前提があって、そこからどう賢くバリューを生み出せるかを考えていらっしゃる気がするんです。人間は、放っといたらいい方向に進むものなのか、悪い方向に進むものなのか。それは人によって違うのかもしれませんけれど、基本的にはダメな部分が多いように思います。

安宅　脳神経科学を学んできた私が思うに、とにかく人間は学習能力が異常に高いので、毎日、異常なスピードで変化しているんです。ただ、プラスに成長している人がいる一方で、負（マイナス）の成長をしている人もいる。

森川　負に成長するっていう言葉は初めて聞きますね。

安宅　負の方向にラーニング（学習）しているというか、変化はとにかく起きている。脳神経的に言えばどっちに向かって変化しても「学習」なので。

森川　それは環境の問題なんですか。たとえば僕は、メディアを変えたいという思いがあるんです。今の日本では、日々悪い情報ばかりシャワーのように降っていて、子供たちが「日本はもうダメだ」と勝手に思って暗くなるみたいな、それは負の成長かなと思ったりするんですけど。

安宅　入ってきている情報がおかしいというのは原因の一つとしてあります。ただ、人と人の違いとは結局、同じ情報をどう受け止めているかの違いなので、マインドセットの違いが結構大きいんじゃないかなと。ものの見方の視点がやや高めの人と低めの人がいて、それにより変わってくるのではないかと思います。

森川　なるほど。

安宅　この間社内の幹部候補生トレーニングの講師をしていた時に電卓で計算したのですが、1日1％成長すると、1年で40倍くらいになるんです。

森川　そんなに違いますか。

安宅　ええ。1.01の365乗は38倍くらいのすごい数字になる。

森川　40倍ってすさまじい数字ですね。

安宅　すさまじい数字なんです。でも1日1％下がると、1年で約40分の1になるんです。だから、極論すれば1年間で1600倍の差になるんですよ。

森川　そうか、負の成長をしている人と、プラスの成長をしている人との差が1600倍になる。

安宅　はい。だから、とりあえず1％というのは無理としても、0.5％でいいから毎日成長しよう、そこを目指そうという、そんな話をヤフーの僕の周りではしています。

森川　数字に落とすとわかりやすいですね。

安宅 そうですね。そういう意味では、人間は学んで変わっていけるところはすごいと思いますし、気の持ちようを変えた瞬間に変えられるという意味では普通じゃないなと思います。

森川 気の持ちようを変えることが非常に重要なんですね。

安宅 重要だと思います。気の持ちよう、視点や目線みたいなところだと思います。僕がもともとやっていたニューロサイエンスの世界で、猿の研究があります。実験動物で人間に一番近いのは猿なので、知覚だとか学習の研究によく使われます。その猿の研究を見ていると、少し複雑なことだと学習させるのに平気で3カ月とか半年かかってしまって、失敗するとやり直しで1年とか棒に振るんです。人間というのは教えれば10秒後にはもうできてしまうわけで、ラーニングスピードが尋常じゃないんです。

森川 それは言葉があるからなんですか。

安宅 そうですね、言葉だと思います。言葉の組み合わせも含めて、捨象力（概念を抽象する際に余計なことを省く力）が普通じゃないので、非常に抽象的な概念もすぐにわかる。いくつかの遺伝子のせいだと言われていますが、とにかく、人間は言語を特殊な訓練なく扱えるわけです。ほかの動物は教えても３００か４００ワードくらいしか覚えられない。どれほど叩き込んでも1000ワードいくかいかないか。だからすごく上限値が低い。人間は言葉同士の連関も含めるとほぼ無限に近い感じで抽象概念が入ってくる。この差だと思います。

森川　ただ知識がありすぎて、むしろ未来に答えが出せないみたいな側面もありますよね。たとえば新卒は吸収が早いけど、中堅社員だとだんだん頭が固くなるからか、新しいことを受け入れられなくなる。そのあたりの解決方法は何かあるんですかね。

安宅　たしかにそうです。知りすぎるとどうしてもバカになってしまう。知恵が出なくなるというか。結局、アウトプットができるかどうかだと思うんです。覚えたことを自分から吐き出してしまえるか。僕も長い間色んな人をトレーニングしてきましたけど、それは35歳を過ぎると何かすごく難しい感じがしますね。

森川　何でなんですかね。

安宅　成功体験が多すぎるんじゃないでしょうか。ポジティブフィードバックが過去にかかりすぎていて、脳の神経間のワイヤリング（結びつき）がかなり強固になっている。

森川　なるほど。新しい情報が入る余地がなくなっている。

安宅　そうですね、過去の学習が強すぎて入ってこない。そこを緩めるような薬剤とかあるといいかもしれないです。何か外国にありそうじゃないですか、忘却剤みたいな薬（笑）。

森川　中堅社員がそうなった時、どう変えるかということを以前よく考えていて、崖から突き落とすようなことをやってみたりもしたんです。ギリギリまで追い込むみたいな。ただ、必ずしも成功しなくてダメになってしまう人もいたんですが。

安宅　（笑）。でも、僕もそれが正しいと思います。とりあえず背中の後ろが絶壁みたいな状況にしてあげるのが人を変える方法のような気がします。いざ変わることがどうしても必要になると、人は劇的なスピードで変わりますから。

地アタマがいい人の三つの特徴

森川　安宅さんは前提条件を排除してロジカルに考えるという概念をお持ちじゃないですか。最近、その前提条件が何なのか、だんだんわからなくなってしまう人が多いような気がするんです。

安宅　たしかにそうかもしれません。前提は変わってきています。課題解決ということに関して言えば、コンテキスト（文脈）が入り混じっていると、別の課題が混ざってしまうことになります。だからコンテキストを切り分けることを最初にやらないと、課題そのものが滅茶苦茶になってしまう。

森川　事象から入るんじゃなくて、事実から入るってことですかね。

安宅　そうですね。事実の整理というか。それがなぜ課題なのかを整理しないと。どうでもいいことを切り分けたうえでタイプ分けをすることができると、結構変わるのかなと思います。僕の理解では、いわゆる問題解決は2種類に分かれます。

たとえば健康体のように、あるべき姿が明確で、ボトルネックを整理して、病気の状態からのギャップを埋めるタイプの問題と、あるべき姿を定義すること自体が課題解決の最も本質的な部分で、そこにどうやって到達していくべきかの道のりをさらにクリエイティブに考える問題。

森川　そうですね。安宅さんはよく「根性に逃げるな」と仰っていますが、それにも通じることでしょうか。

安宅　つながると思います。根性論の人はこの意識すらない可能性があります。

森川　根性論の人はビジョンがないということですね。

安宅　（笑）。たしかに、ちょっとビジョンがないと思います。頑張れば何かが起きると考えている。運任せなのかもしれません。

森川　どうしてなんですかね。地アタマという言葉がありますよね。でも本質的には人間の脳はそんなに変わらないはずなのに、地アタマがいい、悪いという話になるのは、さきほどの目線の問題なんでしょうか。

安宅　目線そのものも影響しているとは思いますが、ある種、知覚の仕方の問題でないかと思います。ちなみに地アタマとかＭＥＣＥ（ミッシー）（重複がなく、全体として漏れがない考え方のこと）というのは、もともと僕の古巣のマッキンゼーで使われているのが広まった言葉です。

おそらく、地アタマは三つの特徴があります。一つは同じ現象が起きた時に多層的な視点で捉えることができる、同時に五個、六個というフレームワークで見ているような能力があると思います。一つの層だけでものを見る薄っぺらい輩（やから）というのはどれほどすっきり考えていても地アタマ以前の課題があり、ＩＱがどれだけ高くてもダメなんです。

森川　ある意味、地図が読めないみたいな人ですね。

安宅　そうですね。議論している時に、開発、生産部門の人がどうやってプロダクトやサービスを実際にユーザーに届けるのかと何種類ものアイデアを出し合っているのに、自分が見ている部分だけで議論している人はダメですね。それはＩＱとは別の能力のような気がしていて、多面的に物事を見ることができる能力。これが地アタマのいい人の特徴の一つだと思います。

二つ目は、論理的に異質なものを切り分ける力。自分が知っているワードとかを加えて、これとこれは似たグループだよね、これは違うね、と無意識的に分類できる人は頭がいいいと思います。

三つ目は、意味合いを突き詰める力です。その現象なり何かが起こった時、「要するにそれは何か」という真理を分析して掘り下げる掘削力。この三つを合わせて地アタマと言っている気がします。

森川　地アタマは磨けば改善できるものなんですよね、きっと。

安宅　改善は可能です。可能ですが、多くの訓練をコンサルティング時代からやってきた経験からいうと、適性があることは否めないです。一つ目の力に関しては抽象思考力みたいなところが関係します。その力がないのは、経験が少なすぎるからかもしれません。いろいろな経験をして、それぞれの視点に対する理解がないと人間は意識できないので、何が大事なのかわからない。そういった生の皮膚感覚で感じる部分が人の引き出しになるのかもしれません。

森川　たとえば辛いものを食べたことがない人が、辛いという概念を持つことは難しいというのと同じですね。

安宅　はい。そのとおりですね。一つ目の力は、いろいろな人間なり、いろいろな苦痛にまみれることが大事な気がします。

二つ目の力は基礎的な知性に結構近いですね。異質なものが混ぜこぜで平気というのは結構危険な思考法です。必ずしも整理せず、ぐちゃぐちゃのまま議論していてもいいんですけど、無意識に切り分けることができる能力ですね。生理的な判断能力の一種のような気がします。

森川　たしかに机の上が汚くても、何がどこに置いてあるのかが頭の中に入っていて、すぐ見つけられる人もいますし。

安宅　そうですね。それとこれは違うだろう、とはっきり言える人。二つ目の話は「違うだろう能力」だと思うんです。これを突き詰めるとMECEになるんですけど、根底にあるのは「違うだろう能力」だと思いますね。MECEのCE（Collectively

Exhaustive：全体として漏れがない）は論理的にチェックするだけなのですが、ME（Mutually Exclusive：相互に重複しない）のほうが本質だと思います。

三つ目は、コンサルティング的な言葉でいうと「So What?」の力なんですけど、これは訓練できる気がします。

森川　単純にいうと、地アタマ×高い視点があれば成長を続けて優秀な人材になるということですかね。何をもって優秀かというのも微妙な話ではありますが。

「脱巨人の星」を目指せ

森川　常々思っているんですが、日本は結果主義じゃないですよね。根性論がまさにそうですけど。

安宅　ですね。努力主義ですよ。結果やアウトプットの質はともかく、頑張ったかどうかとか、どのぐらいの時間を投下したかとかを評価する。「悪いけど3日徹夜してもノーバリューはノーバリューだ」と僕は平気で言っちゃうんです。仮にそのまま外に出てしまうと、意思決定やものの見方に間違った理解や混乱を起こす分析については「この分析はないほうが世の中のためだ」と。

森川　資料が分厚ければいいみたいな人がいますからね。

安宅　ですね。珍しくないと思います。しかし、僕的には資料は同じメッセージで十分な論理と説得力があればすっきりしていればしているほどよく、「間違った視点で、致命的な毒（誤解を生んだり誤作動を生むような情報）をまき散らしている資料」ならないほうがいいよ、と（笑）。

森川　そこまで言うんですか（笑）。努力主義なのは、日本という国特有の理由が何かあるんですかね。

安宅　アニメの『巨人の星』が象徴的だと思います。

森川　やはり、『巨人の星』の教育効果なんですかね。

安宅　そうですね、少なくともわれわれの世代には、『巨人の星』的な世界観によるある種の刷り込みがありますよね。その人たちの訓練を受ける人たちにもその影響は受け継がれてしまう。

森川　何か我慢や努力が美徳みたいな感じで。何かしらビジョンがあって、それに向かって我慢するのはいいんですけど、ただひたすら我慢する、塩漬けになるのがいいと思っている。

安宅　そうですね。工夫のない我慢というやつです。東京から大阪へはどう考えても飛行機か新幹線で行くべきなのに、とりあえず歩きだす、みたいな「歩き系」メンタリティに行きがちですよね。

森川　そういう傾向はいつからなんですかね。

安宅　私の推定では1960年代です。1955年くらいまでは戦後のリストラクチャリング（再構築）状態なので、工夫に工夫を重ねて、やっとゼロから国を元に戻していったわけです。

森川　日本全体がベンチャーみたいなものですよね。

安宅　まさにです。財閥も解体されているから、国全部がベンチャーのようなものです。ただある程度の形ができたあとは、がむしゃらに頑張る人を大勢育てようとなって、『巨人の星』が生まれて、高校野球ではアウトだとわかっていてもとにかくヘッドスライディングだ、みたいな（笑）。そこくらいから顕在化していったんじゃないですか。

森川　なるほどね。それで成功した人がいまだにいるから、それが正しいと思ってしまうんでしょうね。

安宅　ですね。でも、今また変局点でぐちゃぐちゃになってきて、『巨人の星』以前に戻っているんですけれどね。

森川　そうなんですよ。そこになぜみんな気がつかないんだろう、って思うんです。そういう変局点において、個人の意識が変わるためには何が必要なんでしょうか。

安宅　やはり森川さんみたいに、非常に正しくユニークにチャレンジする人に接することなんじゃないですかね。そういう人と半年くらい一緒にやっていたら、自分の生き方を根底から変えないとダメだ、となるんじゃないですか。

森川　自分を追い込む。

安宅　全面的に自分の思考体系が間違っているんだと、追い込む感じで。

森川　安宅さんはどういうふうに接するのですか。たとえば40歳くらいの頭がガチガチの人が来た時に、どう対応されるんですか。

安宅　いつもやるのは、ビジネスマンとしての生き方はスペシャリスト（何らかの分野に特化した人）、エキスパート（何らかの分野について体系的で秀でた知識とスキルを持っている人）、プロフェッショナル（エキスパティーズを持ちつつも、クライアントに価値をコミットし対価を得る人）みたいに何種類かあるが、どれをやりたいのかという話をします。

「この三つのうち、自分はどれだと思う?」と聞いて、「プロフェッショナルです」と答えたら、「プロフェッショナルの本質って何だと思う? 仕事って何? 今の自分はどう思う?」と聞いて、「僕は今、仕事をしていません」みたいにロジカルに追い込んでいく。

森川 しなやかな追い込み方ですね(笑)。

安宅 ありがとうございます(笑)。「仕事って何?」という質問に対して、みんな非常に雑な答えしか返ってこない。

森川 普段から考えてないっていうことですね。

安宅 ですね。「働くこと」と答える人には、それは何も答えてない、僕はその意味を聞いているんだ、と問い詰める。もし「自分の時間を使って給料をもらうこと」と言ったら、自営業だったらそれは仕事にならないよね、生活保護のお金をもらいに行くのは仕事なのか、と。「金儲けすること」と言う人がいたら、金儲けしていない仕事はいっぱいあるよね、金儲けをするのが仕事なら、官僚は仕事を何もしていないことになるんじゃないの、と定義が間違っていると追い込んでいくんです。

森川 自分の思い込みが正しくないんだよ、という気づきを教えるということですね。

安宅 そうですね。それを徹底的にやっています。少なくとも、そのセッションのあとはみんな覚醒（かくせい）しています。

森川　僕も経験したことはあるのですが、それを維持させるのが結構大変ですよね。

安宅　はい。まったくです。結局、そこの上司というか上長が間違った根性論者だと、また逆洗脳されていくわけです。だから負の成長に陥る。やっと正の成長曲線に乗った人がまた0.99のn乗に陥っていく。

森川　続かない人っていうのは、もともと弱さを持っている気がするんです。人間って弱いものなんですかね。

安宅　弱いっていうか、人間のすごさも弱さもさっきの学習能力に起因していると思うんです。学習能力が高すぎる。犬とか猿だったら、そんなに簡単に学習しないので変わらないわけですね。生まれた体質のまま、ただ生きつづけてしまう。

森川　ちょっと鈍感力的な感じですね。

安宅　ですね。人間は悪い方向の学習もするので、周りの人によって、どんどん腐っていくこともあるんです。

学習の話でいつも大事だと思っているんですが、人間って人から聞いたことをあまり覚えてないものですよね。僕は少なくともそうなんです。僕は相手が何者であろうと、その時は「なるほど」と思うんですが、次の日にはあまり覚えていません。

森川　それは、記憶というものに対してあまり信頼を置いていないということですか。

安宅　いえ、時間をとってお話を聞くぐらいなので、その方にそれなり以上に信頼を置いているつもりなのですけど、とにかく自分が人から聞いたことを覚えていない。ただ、自分で「そうだな」と気づいたことは覚えているんです。自分でハッと、「そうだな」と思うものだけが、人にとって成長じゃないかと思います。

成長するのは当たり前なんですけど、問題はそのスピードであり、そのベクトルでもあり、自分が毎日、何をいくつ気づいたかだと思うんです。気づきのコントロール、マネジメントをする必要がある。「今日、何を気づいたか」を徹底的に確認したほうがいいよ、といつも周りの人たちには言っています。

小さいことでもいいから気づいてメモでも取っておいたほうがいい。今日1日が終わった時に何も気づいていなかったら君はその時間、成長していない。また元の感性に戻る。そのイナーシャ（慣性）に引っ張られるので、それはよくない、と。

「問題くださいモード」では通用しなくなる

森川　日本人はやさしすぎるところがあって、何か頼まれると真面目に対応しなきゃいけないと思いこむ。それが積み重なると、「俺、今日1日何してたんだっけ？」みたいなことになってしまいますよね。

安宅　ですね。そういう時は、やったふりだけしていればいいんです（笑）。1時間くらいしたら、やっぱり無理でした、って言えばいい。その1時間に別の生産的なことをやっていればいいんです。そして、上司に報告する時に、「こういうことをやったら、いけそうな気がするんですけど」というと、「ああ、いいね」となるかもしれない。そうすれば生産的な時間に変わると思うんです。

森川　とくに大企業だと無駄な会議が多いんですよね。30人とか50人くらい集まって会議して何も生まれない、みたいな。本当に無駄ですよね。

安宅　私も転職してからそれを目の当たりにしてびっくりしました。「会議」というものと、僕がそれまで体験してきた「ミーティング」とは異質なものだ、ということがわかりました。

森川　情報共有と会議が一緒になっているんです。もしくは悩み相談会みたいなかたちになって、みんな悩みを言ってすっきりしておしまい、みたいになる。

安宅　全然ダメです。やはりちゃんとアジェンダ（議題）がセットされて、一個一個けりをつけていかないと、会議というかミーティングにならないんですけど、基本的にそれがない。あっても、ふわっとしたテーマについて議論するみたいな会議しかない。それはメモでいいんじゃないかと。本当にそういう感じの会議が多くありました。今はだいぶ改善されたのですが……。

森川　みんなつながりたいだけなんですよね。

安宅　シェアして終わりと。それじゃ保育園か幼稚園みたいですよね。

森川　会議はなるべくやらないほうがいいですね。仕事の時に会って、解決すればいいんですものね。

安宅　同感です。「森川さん、ちょっといいですか」みたいに3分間、立ち話で相談すればいいだけです。

森川　日本人は仕事を発注されるのが好きですから。

安宅 受けモードですね。なので、放っておかれるとさびしがるからみんなで集まって、悩みを打ち明け合う。そういう構造だと思うんですよね。「問題くださいモード」では、受験生と変わらない状態です。

森川 そうなんです。教育の本質的な話になっちゃうんですよね。それは平和すぎるからというところがあると思うんです。普段の生活の中でほとんど課題にぶち当たらないというのもあるんでしょうけれど、生きるか死ぬかみたいな経験をしたことがないので、生きる意味がわからないというか。

安宅 突き詰めて考える環境を早めに与えたほうがいいですね。

森川 安宅さんはもともと家庭がそういう感じだったんですか。親御さんが家で問題提示されるような。

安宅 それはないですね。ただ親父はロビンソン・クルーソーみたいな、無人島でも生き延びられる人間に育てようとしていたみたいで、何でも自分でやらないといけなかった。納屋だろうが何だろうが自分で考えて、図面も一緒に書いて、親父の協力のもとにですが自力でつくるんです。ノミやカンナも小学校5年生ぐらいには普通に使えました。

1年生の時に、いきなり生まれたばかりのヒヨコを渡されて、「おまえが今日から育てるんだ」と言われたり。小屋づくりからはじめて、そこから5年育てました。カイコをもらってきたこともありましたね。まず桑の木をカイコの餌用に庭の隅に植えたりして（笑）。そもそも、桑の木ってどういう木で、どういうふうに育つかを想定して、どこに植えるべきかから考えるという。

森川　それが思考力と自主性を鍛える正しい教育なんでしょうね。今の時代の教育も、そうあるべきだと思います。

安宅　ありがとうございます。父には感謝しています。家庭では、Ｈｏｗから考え、何をやったらこのヒヨコは死なないんだろう、と自分で考えて行動するような教育を受けて。でも社会に出て仕事を始めたら、「自分って何なんだろう」というくらいの無能感があったんです。何をやってもアウトプットというかバリューにつながらない苦痛感は普通じゃなかったです。

森川　それは何の仕事をしている時ですか。

安宅　マッキンゼーに入った時です。毎日膨大な分析をやるわけです。ブランクチャート（絵コンテのようなもの）を毎日、何十枚も上司のマネージャーからもらって、最初の時は2カ月くらいで500枚くらいのチャートを書いたのですが、そこから最終報告書に入れられたのはたったの5枚でした。歩留まり1％です。クオリティが低いんですよね。

森川　何が問題だったんですか。

安宅　解の質を高めるスキルがないというのもあるんですが、本当のところ何が価値のあることなのかを見極める力がなかった。要はイシューがわからないのと、それをどういうメッシュでふるいにかけたらバリューになるのかという、その答えを出す力もたぶん足りてなくて。

森川　そこから鍛えて今につながってきたんですね。

安宅　はい、非常に考えました。入社数カ月間でこれでは仕事が回らないな、と。毎日朝8時から夜中の2時3時まで仕事をする。ひどい時はサンクトペテルブルグにファックスを1枚送るだけのために一夜を費やしたりしました（笑）。1行送ったら電話回線が切れる環境です。そのファックスを送っている横で、チャートを書いていたわけです。

森川　それはいつごろですか。

安宅　1993年です。インターネットも普及してなかった時代です。

森川　そこから、何か変わるきっかけがあったんですか。

安宅　変わるきっかけは、そのあと別のプロジェクトに入って、またいろいろなことをがむしゃらにやっていたのですが、そのうちのいくつかが信じられないほど当たったんです。最初にやったプロジェクトの一つの解析結果から生まれた商品で、いまだに何千億円も売れている商品があって、20年以上の総和ですが、その会社に兆円単位の利益をもたらしたんです。

森川　すごいですね。

安宅　はい。ただ、その陰に膨大なよくわからない、バリューを生まなかった仕事があるわけです。これは思いつきみたいなものだけど当たった、これはちゃんと考えても全然当たらなかった。そういうことが続いて、それはなぜかをよく考えるようになりました。

森川　なるほどね。それは何なんですか。

安宅　それが本当に意味のある問いを立てることなんだ、問いの質をまず見極めることなんだ、ということに思い当たった。それが、僕の考える「イシュー」の見極めです。

森川　それまでは結構無駄仕事もしていたわけですね。

安宅　そうですね。そこまでの半年余りはかなりイケていなかったです（笑）。この間、ある勉強会で将棋の谷川浩司（たにがわこうじ）永世名人にお会いしたのですが、谷川さんは将棋が強くなるというのは読む手が減ることだ、と仰っていました。この話はまったく同じだと思います。無意識にがばっと裁ける力が実は強い。本当の達人は数手しか読んでいない、と話していらっしゃいました。

森川　そうなんですか。

安宅　谷川さんによると、論理的には将棋には、たとえば開始時点で自分が30手、相手が30手で、自分と相手が一回打つだけで９００の場面展開があるけど、本当に強い人はそのうちのいくつかしか読む必要がない。その数手を深く、深く読んでいるんだそうです。

日本はなぜ女性が活躍できない社会なのか

森川　僕は最近あまり悩まなくなったんですけれど、それでもときどき理解できなくて悩むのが、女性の気持ちです。

安宅　そこについては永遠に難しいです。

森川　今は、女性になる以外に理解するのは無理だろうなという結論に落ち着きました。

安宅　わかります（笑）。昔、撤退した唯一の敗戦プロジェクトがありまして、入ってみて5日目くらいに音を上げて抜けさせてもらったんですが、それは女性下着のプロジェクトでした。聞いていてもよくわからないし、もう理解不能（笑）。

森川　やっぱり引き出しがないってことですかね。

安宅　引き出しだと思います。ＡＩでできないことの一つは、人間のように知覚できないことです。われわれのような体を持っていないので、触った時の感触とか、脳の中で生まれている色覚とか、わからないわけです。それと同じで、女性の体がないと理解に限界がある。子供の気持ちは昔、子供だったのでわかるんです。

森川　わかります。僕もずっと悩んでいて、結論はそうでした。

安宅　アフリカのマサイ族については、マサイ族ライフをやってないとわからない問題が多分にあって、彼らの真似を1カ月くらいしたところでわからない。

森川　そういう意味ではダイバーシティって大事です。マーケットの半分も女性仕様なのに、どうして女性が活躍する会社が少ないんですかね。

安宅　それはシンプルに教育だと思いますよ。上のほうの10から15の名の通った大学の卒業生に女性が2～3割程度しかいない。ここに決定的な問題がありますね。海外同様、日本でも結局この社会に人間のセレクションシステムとして高等教育が埋め込まれているので、高等教育の女性の比率を撥(は)ね上げないとダメだと思います。

僕がアメリカに１９９７年から２００１年までいた間に、すごい歴史的瞬間がありました。それはアメリカを代表する大学、ハーバードカレッジ（ハーバード大学の学部教育部門）で女性の入学生数が男性を超えたのです。

森川　すごいですね。何かきっかけが？

安宅　いや、徐々にですね。そのころ東部のアイビーリーグの中の老舗(しにせ)３校、ハーバード、イェール、プリンストンは全部、女性の比率がぐーっと上がってきて、ついに超えて、大ニュースになったんです。15年以上前にハーバードカレッジで女性の学生数が男性を超えた。そこまであの国は来ていて、だから日本も20年後にはそうなるのは間違いないんですよ。高等教育を受けているところが均等にならない限りは、女性が社会で活躍するのは無理です。

森川　日本はいまだに、女の子は早く結婚すればいいみたいな考えがありますしね。

安宅　親の誘導ですよね、残念ながら。「永久就職」という言葉がよくない。その単語をこの国から排除したほうがいいんじゃないかと思います。

時代感覚の磨き方

森川　僕も50歳になりまして、年を取ることで一番怖いと思うのは、感性が失われることですね。鮮度が昔に比べると、たしかに落ちています。

安宅　よくわかります。それは僕も感じます。市場の流れそのものを生む中心世代から離れていくとどうしてもそうなりますよね。アメリカから帰った時、本当に苦痛だったんです。僕はiモードの立ち上げも何も知らないまま帰ってきたので、気がついたら見たことのないユニクロの店とかがいっぱい建っているし、街並みが全然違うわけですよ。なので、帰国後の最初の数年間は意図的に、渡米前まで散々やっていたコンシューマーグッズ（消費財）ではなくて、半導体とかハイテク的なコンサルを引き受けるようにしていました。

森川　最近、時代感で意識されていることはありますか。

安宅　時代感については僕も森川さんにお聞きしたいのですが、僕がいつも意識しているのは音楽ですね。その時流行っている音楽はなるべく常に聴くようにしています。

森川　たしかに音楽とかファッションとかは先行指標だと言いますよね。

安宅　そうですね。自分の若かった時の音楽ばかり聴くようになったら終わりだと思うんです。僕は、流行の音楽を好きになるまでかけつづけて聴いています。

森川　そこから見えてくるんですか、時代感というか。

安宅　見えてきますね。すごくいろいろなことが感じやすくなります。さすがに若い人の服は着られないですけど、音楽だけは身にまとえるわけです。

ＡＩで何が変わるのか

森川　よくＡＩの時代になると仕事がなくなるという話がありますが、それは労働集約的な仕事から解放されるということですから、これからは人間ってクリエイティブであるべきだと思うんですよね。

安宅　そのとおりですね。

森川　そういうことを言うと、私は森川さんと違ってクリエイティブじゃありません、という人が結構多いんですよね。クリエイティブとは何かという話になるんですが、結局自分自身と向き合うかどうかだと思うんです。

安宅　そうですね。これから先は作業のかなりの部分が自動化されていくことになると、何をやるべきかという目的であるとか、何について答えを出すべきかとか、問いを投げかける。これがおかしいだろうと考えるのが非常に重要な価値になります。

森川　疑問を持ちつづけなくてはならない。

安宅　ですね。疑問を持って、何もかも学習して受け入れないといけない。

森川　大企業の部署とかはどうなると思いますか。どういう部署が残って、どういう部署が消えて、どういう部署が新たに生まれると思いますか。

安宅　部署はそのまま概(おおむ)ね残るんじゃないですか。ただ、ほとんどの業務はAIやデータの力を活用して回し、全体の系をコントロールするというふうに変わっていくのだと思います。

仕事の仕方が劇的に変わって、人材マッチはデータに基づくほうが正確だ、とこの数年ずっと言われていますし、財務的な調整とかもたぶんそうだと思います。かなり前からトレーディングなどは7割方、キカイがやっているわけで、トレーディングの世界は半ばすでにAI化しているわけです。

つまり、これからは付加価値の出し方が変わる。既存業務をやるための組織の体制は劇的に小さくなる可能性はあります。

一方で、同じ事業ドメインであっても、サービス業的な部分が激増するはずなので、その業界の人もワイルドに変わる必要が出てきます。たとえばクルマは消費が激減してしまうかもしれないけれども、走行が自動化すれば、保有というよりも使うことが中心になっていく。乗っているだけの車の空間はかなり暇なので、その空間をどうするんだとか、メンテはどうなるのか、どうやって使い回すかといった関連サービスがたくさん出てくる可能性が高いと思います。

森川　技術の進化だと思います。新しい職種がいっぱい出てきているわけですから、実際のところ仕事は増える可能性もあるんですね。

安宅　ですね。新しい仕事がどんどん生まれていくと思います。一方で、情報処理的な業務の多くは急速に軽減化されていくだろうと思います。

森川　ＡＩが普及すると、人間の能力の退化みたいなことも出てくるのですか。たとえば歩かないと体力が落ちてくるように、思考に関しても退化の可能性があるのかとか。

安宅　大変大事な点ですが、問題に向かう人にとって思考力は今までとは比較にならないほどきつく要求されるようになると思います。コンベンショナル（伝統的）な問題は自動的に処理されてしまうので。

森川　オペレーションがなくなるからってことですね。

安宅　そうです。人間がわざわざ立ち向かう問題は、かなり異常値問題中心になるはずなんです。事例が少ない問題ばかりになるので、それって日々過酷な、というか本物の問題解決を要求されるということですよね。

森川　答えが出るかどうかわからないものと向き合いつづけるからストレスがたまる。

安宅　はい。考え方を変えれば、われわれはよりエキサイティングな社会に向かっているんじゃないでしょうか（笑）。かなり特異な問題が見えなくていいほど見えてくると思います。いわゆるＡＩ的なものって異常値検出が非常に得意なので。

森川　問題の検知が起こりやすくなると。

安宅　そうなると思いますね。この間ある人工知能系の会社の社長さんのプレゼンを聞いていたら、機械の振動に関する波形データをずっと見ていると、その機械が壊れる３、４週間前にわかってしまうそうです。外から見ていて絶対にわかりませんし、普通の人はそのデータを見ても読み取ることはできないそうです。ＡＩができることはこれに似ています。

森川　事故は減りますね。

安宅　事故は減ります。そういう異常値検出は信じられないほどよくなる。ただ、そういう状態でどう対処するか。機械を入れ替えるのは簡単ですが、人間が３週間後に脳溢血（いっけつ）になるかもしれない、となった時に、どう乗り越えればいいのか。

森川　この前、ＮＨＫでキラーストレスの番組をやっていまして、現代は情報が多くて刺激も多いから人間の古典的な身体がついていけないと言っていました。新しい病（やまい）みたいなものもきっと増えていくんでしょうね。

頭だけになった人間は滅びる

安宅　そうかもしれません。脳神経系の話は脳の話ばかりになってしまいがちですが、神経って結局ネットワークにつながっていないと死んでいくわけですよね。なので、身体性というのは非常に重大で、脳だけがあってもその人にならないんです。この入力装置である身体がセットであって、実は脳以外の部分が非常に重大なわけです。

森川　無意識で動いている。

安宅　そうですね。機械に何もかも任せて、手なり体を使わなくなっていった時には神経系は誤作動を始めると思います。異常問題に陥る可能性があるので、ここから先は手足をしっかり使うことを今まで以上に強く意識していく必要があります。

森川　運動が大事だということですね。

安宅　運動であり、触るとかつくる、感じるという行為ですね。子供のころのお絵描きとかブロック遊びとか楽しかったじゃないですか。それと同じで、身体を使いながら考えることが大事だと思うんです。問題の設定をしたり、問題をフィニッシュするところで大事になる。この流れの延長では、その中間の管理みたいなことをやっている人が問題ですね。この人たちに身体性を失わせないようにしないと破綻（はたん）を起こす可能性があります。壊れた人がいっぱい出てくるかもしれない。

森川　実体が伴わない状況がメインになると怖いことが起きる。

安宅　最悪です。頭だけになった人間は滅びると思います。神経系の構造から見ても、身体を失った瞬間に人間は滅んでいくはずなので、そこは死守しないといけない。身体能力を本当に病的に意識する時代になるかもしれないです。

森川　ＡＩは人間に近づくのでしょうか。

安宅　ＡＩは身体性がないので永遠に人間にならないです。アトムとかドラえもんは荒唐無稽（こうとうむけい）で、あのような動きをするものはつくれますけど、われわれと違う身体をしていると人間のように知覚をするという可能性はゼロなわけです。

それから、ＡＩに状況を正しく踏まえて問題を提示する能力は当面まったくないに等しいので、そこは人間にとって脅威ではないです。コンテキストとか読めないですし、意志も持たず、目標設定ができないので。ＡＩは情報の仕分けとか、予測、作業の事業化の能力はものすごく進化してわれわれを劇的にアシストするようになると思います。

あまり意識されることはないですが、実は脳神経系というのは、考えることにではなくて、ほとんど知覚に使われています。脳は思考する機械ではなく、知覚する機械なんです。

森川　センサーの集合体みたいなものですね。

安宅　ですね。センサー情報をメタ化して理解する。知覚化こそが脳のベース機能です。統合的に知覚する。なので、知覚化というものに人間はもっともっと注目すべきだと思います。そのうえで、そこからアウトプットにつなげる部分を考えているんですけど、実際はまだ知覚のメタ的な情報を取ることを考える過程がほとんどです。

　メタ思考が強い人というのは、知覚の能力が深いのだと思います。谷川名人みたいに。同じく将棋の米長邦雄先生も同じようなことをおっしゃっていました。名人になればなるほど読み手が減ると。すごく面白い世界ですね。

祥伝社のベストセラー

仕事に効く教養としての「世界史」

先人に学べ、そして歴史を自分の武器とせよ。京都大学「国際人のグローバル・リテラシー」歴史講義も受け持ったビジネスリーダー、待望の１冊！

出口治明

世界史で学べ！ 地政学

なぜ日米は太平洋上でぶつかったのか。
新聞ではわからない世界の歴史と国際情勢が、地政学の視点でスッキリ分かる

茂木 誠

世界から戦争がなくならない本当の理由

懲りない国、反省しない国はどこだ？ なぜ「過ち」を繰り返すのか？ 戦争の教訓を歴史に学ぶ

池上 彰

ダントツにすごい人(ひと)になる
――日本が生き残るための人材論

平成28年12月10日　初版第1刷発行

著　者　森川(もりかわ)　亮(あきら)
発行者　辻　浩明
発行所　祥伝社(しょうでんしゃ)
〒101-8701
東京都千代田区神田神保町3-3
☎03(3265)2081(販売部)
☎03(3265)1084(編集部)
☎03(3265)3622(業務部)

印　刷　堀内印刷
製　本　関川製本

ISBN978-4-396-61588-8 C0030
Printed in Japan
祥伝社のホームページ・http://www.shodensha.co.jp/

100字書評

ダントツにすごい人になる

住所

なまえ

年齢

職業

切りとり線

★読者のみなさまにお願い

この本をお読みになって、どんな感想をお持ちでしょうか。祥伝社のホームページから書評をお送りいただけたら、ありがたく存じます。今後の企画の参考にさせていただきます。また、次ページの原稿用紙を切り取り、左記編集部まで郵送していただいても結構です。

お寄せいただいた「100字書評」は、ご了解のうえ新聞・雑誌などを通じて紹介させていただくこともあります。採用の場合は、特製図書カードを差しあげます。

なお、ご記入いただいたお名前、ご住所、ご連絡先等は、書評紹介の事前了解、謝礼のお届け以外の目的で利用することはありません。また、それらの情報を6カ月を超えて保管することもありません。

〒101―8701（お手紙は郵便番号だけで届きます）
祥伝社　書籍出版部　編集長　萩原貞臣
電話03（3265）1084
祥伝社ブックレビュー　http://www.shodensha.co.jp/bookreview/

◎本書の購買動機

＿＿＿＿新聞の広告を見て	＿＿＿＿誌の広告を見て	＿＿＿＿新聞の書評を見て	＿＿＿＿誌の書評を見て	書店で見かけて	知人のすすめで

◎今後、新刊情報等のメール配信を　　希望する　・　しない
（配信を希望される方は下欄にアドレスをご記入ください）

@